W0190837

Zu diesem Buch

«Die meisten der folgenden Übungen funktionieren nach einem Prinzip, das ich das ‹Ablenkungsbeseitigungsprinzip› nenne. Indem ich meinen Gedanken einige ganz einfache, aber ausfüllende Dinge zu tun gebe, kann der normale innere Monolog aus Ängsten, Wünschen, Erinnerungen und Gedanken an die Zukunft zum Stillstand gebracht werden. Die Gedanken sind dann zu beschäftigt, um ihr gewöhnliches Geschnatter fortzuführen.»

Ob Sie dabei im Lotossitz vor einer Kerze meditieren oder beim Gemüseputzen und Autowaschen versuchen, sich vollkommen auf diese Tätigkeit zu konzentrieren, ist der Meditation egal. Es hilft in jedem Fall, eine immer größere innere Ruhe und Gelassenheit zu finden. Schon während des Lesens beginnen Sie mit den ersten Übungen, die Sie später überall und bei jeder Gelegenheit fortsetzen können, so daß die Dreiminutenmeditationen wie selbstverständlich in Ihren Tagesrhythmus einfließen. Und kein Kunde, kein Chef, kein Autofahrer kann Sie mehr aus dem Gleichgewicht bringen.

DAVID HARP ist Autor verschiedener Bücher. Mehr über ihn und seine Zwillingsschwester Dr. Nina Feldman erfahren Sie in diesem Buch.

David Harp
mit Nina Feldman

Meditieren
in drei Minuten

Meditationstechniken
für moderne Menschen

Deutsch von
Matthias Schossig

Rowohlt

rororo transformation
Herausgegeben von Bernd Jost
und Jutta Schwarz

Umschlaggestaltung Walter Hellmann
(Foto: Art / Wolfe / ZEFA-Allstock)

Deutsche Erstausgabe
Veröffentlicht im Rowohlt Taschenbuch Verlag GmbH,
Reinbek bei Hamburg, November 1993
Copyright der deutschen Ausgabe
© 1993 by Rowohlt Taschenbuch Verlag GmbH,
Reinbek bei Hamburg
Das Buch erschien im Original unter dem Titel
«The New Three Minute Meditator – 30 Simple Ways To
Unwind Your Mind Anywhere Anytime»
Copyright © 1990 by David Harp
Alle Rechte vorbehalten
Gesamtherstellung Clausen & Bosse, Leck
Printed in Germany
1490-ISBN 3 499 19581 x

Inhalt

Dritter Teil

Danksagung

Ich möchte zwei Gruppen von Leuten für ihre Hilfe und Inspiration danken: Zuerst einmal meinen Lehrern und Mentoren: Einige, wie Stephen und Ondra Levine und Jack Kornfield, haben mir ihre spirituelle Führung geschenkt. Andere, wie Charles Garfield, Matthew McKay und Stephen Bank, haben mir Rollenmodelle geliefert und mich in meiner Arbeit als psychologischer Berater ausgebildet. Weitere, wie Karl Scheibe, der verstorbene Robert Knapp, Nina Menrath und Larry Horowitz, haben mir wissenschaftliche Fakten vermittelt, die ich für dieses Buch benötigt habe. Die zweite Gruppe waren meine Klienten. Angefangen beim Shanti Project in den späten Siebzigern, über die Haight Ashbury Free Clinic in den frühen Achtzigern bis hin zum Marin County Grief Project und anderen Organisationen, für die ich als freiwilliger Berater arbeite – meine Klienten haben mir beigebracht, wie wichtig es ist, das Herz zu öffnen. Ich danke ihnen heute aus tiefstem Herzen.

Ich möchte auch meiner Partnerin Rita Ricketson für ihre unersetzliche Hilfe und Unterstützung danken (und auch für Katie).

Einführung zu Meditieren in drei Minuten

Vor nunmehr fast sechs Jahren nahm ich an einem zehntägigen Meditationsseminar teil, wodurch mein Leben eine vollständig neue Richtung erhielt. Drei Jahre später schrieb ich die erste Ausgabe dieses Buches. Spätestens seit dieser Zeit ist mein Leben zu einem Experimentierfeld für neue (und alte) Formen der Meditation geworden. Es ist daher keine Übertreibung, wenn ich sage, daß alles, was in diesem Buch über die Nützlichkeit und die wohltuende Wirkung der Meditation steht, heute zutreffender (oder zumindest erprobter) ist denn je. Ich glaube heute stärker als jemals zuvor, daß es gerade bei der Meditation eine Art von «metaphysischer Fitneß» gibt, bei der es ebenso wie bei körperlicher Fitneß darauf ankommt, daß man, um in guter geistiger oder körperlicher Form zu bleiben, kontinuierlich daran arbeiten muß. Im dritten Teil kannst du nachlesen, wie ich dies am eigenen Leib (beziehungsweise am eigenen Geist) erfahren konnte.

Unser Buch über «Meditieren in drei Minuten» ist in den USA in vielen zehntausend Exemplaren verkauft worden. Viele, die es gelesen und sich mit den Übungen beschäftigt haben, schreiben uns und berichten über ihre Erfahrungen. Für die meisten ist das Büchlein zu einem ständigen Begleiter geworden. Sie lesen es vor dem Einschlafen oder haben ein Exemplar in der Küche liegen, um zwischendurch eine der Übungen machen zu können. Viele Leser haben uns gebeten, Anregungen zu geben, wie sie die Übungen in ihren Alltag integrieren können.

Ich habe das Konzept von «Meditieren in drei Minuten» gemeinsam mit meiner Zwillingsschwester, Dr. Nina Feldman, entwickelt. Dabei haben wir besonders darauf geachtet, auf die Anregungen unserer Leser einzugehen, alltagstaugliche Meditationstechniken vorgestellt sowie zahlreiche Anregungen zum Gebrauch der Meditation im Alltag gegeben.

Der völlig neue dritte Teil beschäftigt sich hauptsächlich mit dem Thema Meditation im Alltag. In unzähligen Gesprächen mit Freunden und Patienten, aber auch mit den Lektoren des Verlages, ist mir klargeworden, daß sich unser Buch um folgende Problembereiche drehen soll: Spannung (und Entspannung), Ärger, Selbstbewußtsein (oder der Mangel daran), Ängste und Phobien, Verlust und Trauer sowie die Gefühle von Einsamkeit und Leere.

Außer beim dritten Teil habe ich der Versuchung, das Buch vollkommen umzuschreiben, widerstanden. «Meditieren in drei Minuten» ist nach wie vor ein erstaunliches Buch – weil es funktioniert. Es zu schreiben hat mir geholfen, ein glücklicherer und zufriedenerer Mensch zu werden, und ich hoffe, daß es dir beim Lesen ebenso gehen wird. Aber weder das Schreiben noch das Lesen allein werden uns weiterbringen. Nur das Tun, die alltägliche Hinwendung zur Meditation kann unser Leben verändern. Darum geht es in diesem Buch.

David Harp
San Francisco, im Sommer 1990

Eine Bemerkung zum Anfang

Früher war ich ein notorisch unglücklicher Mensch. Andere dachten zwar möglicherweise anders über mich und hielten mich für einen populären und erfolgreichen Typ, besonders diejenigen, die mich nicht so genau kannten. Tief in mir fühlte ich mich jedoch leer und unsicher und war anfällig für Depressionen. Fast immer war ich verkrampft und obendrein ein typischer Hypochonder. Meine Gedanken und Gefühle schienen mich zu beherrschen, statt ich sie.

Es ist keine Übertreibung zu sagen, daß sich mein Leben von Grund auf geändert hat, seitdem ich gelernt habe zu meditieren. Ich bin zwar nach wie vor weit davon entfernt, ein vollkommener Mensch zu sein, doch meine Fähigkeit, mit alten Ängsten und Begierden umzugehen, wird immer besser, je länger ich meditiere. Meine Beziehungen sind liebevoller und weniger kritisch. Ich kann mich selbst besser leiden und habe – zum erstenmal seit über fünfunddreißig Jahren – das Gefühl, das rätselhafte, unberechenbare Wesen meines Geistes ein wenig verstehen und beherrschen zu können.

Ich bin kein Guru

Ich bin kein Guru. Ich hebe beim Meditieren nicht ab, laufe nicht über glühende Kohlen (und auch nicht übers Wasser) und materialisiere nicht massenweise Rolls-Royce-Limousinen. Ich habe jedoch viel Erfahrung im Lehren und im Verfassen von Lehrbüchern. Immer wenn ich selbst etwas gelernt habe, empfinde ich eine enorme Befriedigung darin, es anderen auf möglichst einfache Weise beizubringen, um denen, die gewillt sind zu lernen, sofortige Erfolgserlebnisse zu vermitteln.

In den vergangenen zwölf Jahren habe ich Zehntausenden gezeigt, wie man auf der Mundharmonika den Blues spielen kann, und habe Lehrbücher zum Erlernen einer Reihe anderer Musikinstrumente verfaßt. Das Wichtigste, was ich zu meiner großen Überraschung dabei gelernt habe, war die Erkenntnis, daß die meisten Menschen etwas lieber sofort ein bißchen können wollen, als lange üben zu müssen, um es perfekt zu beherrschen.

Es ist mir klar, daß bereits Tausende von Psychologen, Philosophen und Metaphysikern Bücher über das Meditieren geschrieben haben. Die meisten davon richten sich jedoch nicht an Anfänger, die noch nie meditiert haben, aber möglichst sofort auf einfache Weise damit anfangen möchten. *Nachdem* du gelernt hast zu meditieren, wirst du vielleicht in vielen dieser Bücher eine spannende Lektüre finden. Ich habe am Schluß eine kleine Liste meiner Lieblingsbücher zum Thema aufgelistet.

Warum viele Bücher über Meditation nicht einfach in der Anwendung sind

Einige Meditationsbücher sind unglaublich kompliziert, voller langer Wörter und überaus umständlicher Erklärungen. Zu Beginn meiner Beschäftigung mit der Meditation hatten Ausdrücke wie «Manifestation des unpotenzierten Numenon» oder «nididhyasana sadhana» eher abschreckende als lehrreiche Wirkung auf mich.

Um zu meditieren, braucht es keine großen Worte. Wenn man Go spielen lernen will, braucht man auch nicht die chinesische Schriftsprache zu studieren.

Sobald man die Grundbegriffe kennengelernt hat, ist die Meditation ganz einfach – obwohl sie nicht immer leichtfällt. Ein Buch für Anfänger sollte nicht mit fremdartigen esoterischen Begriffen überladen sein.

Einige Bücher machen aus der Meditation ein Dogma. Sie behaupten, daß es nur *eine* richtige Art zu meditieren gibt. Natürlich merkt man dabei schnell, daß die «richtige» Art zu meditieren an eine Religion, an eine Gemeinschaft oder an ein kommerzielles Unternehmen gebunden ist, der der Autor des Buches angehört. Jede andere Methode wird als unwirksam oder gar sündhaft dargestellt.

Im Laufe der Jahre habe ich zahlreiche Meditationsbücher von der einen oder anderen Sorte gelesen und eine Menge daraus gelernt.

Insbesondere habe ich dabei jedoch gemerkt, daß ich Meditation am liebsten pur habe: keine Terminologie, keinen Kult – und nur keine Dogmen, bitte!

Nicht alle Meditationstechniken sind gleich, aber viele ähneln sich

Beim Studium verschiedener Methoden der «Erleuchtung» fiel mir auf, daß sie vieles gemeinsam haben. Ich werde versuchen, die Übungen und Methoden so klar wie möglich vorzustellen, indem ich die verschiedenen Konzepte einander gegenüberstelle und auf einige wichtige Themen näher eingehe. Warum soll man sich durch Berge von komplizierten dogmatischen Schriften quälen, wenn man jemanden hat, der es auf unkomplizierte Weise verständlich machen kann?

Entgegen der landläufigen Vorstellung muß das Studium der Meditation keineswegs schwierig, schmerzhaft oder abgehoben sein. Du hast auch keine alte Schuld abzutragen, wenn du ein meditatives Bewußtsein erlangen willst. Dieses Buch soll nicht zu einem mühsamen Kampf anregen. Ich vertrete vielmehr die Auffassung, daß die Meditation eine spannende neue Fähigkeit sein sollte, die man erlernen kann und die eine natürliche, befriedigende Art hat, ganz von selbst in Gang zu kommen.

Wie dieses Buch aufgebaut ist

Obwohl dieses Buch hauptsächlich praktisch ausgerichtet ist, enthält es ein gewisses Maß an Theorie und Philosophie der Meditation. Ich habe es so angeordnet, daß der überwiegende Teil der Theorie im ersten Teil erscheint. Die wichtigsten theoretischen Abschnitte sind fettgedruckt. Jemand, der sich ohne Umschweife an die Übungen zur Dreiminutenmeditation begeben möchte, kann sich über das Wesentliche der Theorie informieren, indem er einfach nur das Fettgedruckte liest.

Der zweite Teil erklärt sich im wesentlichen von selbst. Die ersten Kapitel befassen sich mit den Pros und Kontras von Gurus, mit meinen Vorstellungen von metaphysischer Fitneß und mit den Methoden, wie man die Übungen dieses Buches in die Tat umsetzen kann. Vor jeder Gruppe von Übungen stehen jeweils einige theoretische und historische Erläuterungen.

Der dritte Teil erklärt, wie man die theoretischen Informationen aus dem ersten und die Übungen aus dem zweiten Teil auf bestimmte Probleme, denen wir uns gegenübergestellt sehen, anwenden kann.

Das ist alles. Ich glaube, daß jeder, der einen ernsthaften Versuch wagt, gemeinsam mit mir in der Meditation einen hilfreichen Begleiter für sein ganzes Leben finden kann.

Falls du es ganz eilig hast, sofort mit dem Meditieren anzufangen, kannst du ausschließlich die fettgedruckten Abschnitte lesen. Wenn du das Buch «diagonal» liest, indem du nur den fettgedruckten Text zur Kenntnis nimmst, solltest du ebenfalls die Abschnitte lesen, deren Überschriften dich neugierig machen. Du wirst dann in kürzester Zeit beim zweiten Abschnitt und bei den Übungen zur Dreiminutenmeditation angelangt sein. Wenn du einige Dreiminutenmeditationen beherrschst, kannst du noch einmal zurückblättern und in Ruhe den Rest des ersten Teils lesen, oder du gehst gleich weiter zum dritten Teil, um spezifische Möglichkeiten herauszufinden, wie du die Meditationen anwenden kannst.

Was ist Meditation?

Meditation ist die Kunst der mentalen Selbstkontrolle. Jede der Dreiminutenmeditationen in diesem Buch ist eine Übung, die dir helfen wird, Kontrolle über deine Gedanken zu bekommen.

Was du brauchst, um zu meditieren

Leidest du häufig unter lästigen Wut- oder Angstzuständen? Wirst du von deinen Wünschen und Begierden abgelenkt? Bist du deprimiert, gelangweilt oder unruhig? Erscheint dir das Leben manchmal sinnlos? Fühlst du dich nur glücklich, wenn alles seinen geordneten Gang geht?

Falls du niemals derartige Probleme gehabt hast, dann benötigst du dieses Buch möglicherweise überhaupt nicht. Wahrscheinlich bist du dann eine Art Übermensch, denn wohl jeder normale Mensch schafft es wenigstens manchmal, sich unglücklich zu machen.

«Sich unglücklich machen»? Was für eine seltsame Vorstellung. Warum sollte man sich selbst unglücklich machen?

Natürlich ist es viel leichter anzunehmen, daß die Umstände oder unsere Mitmenschen für unser Unglück verantwortlich sind. Das ist jedoch blanker Unsinn. Wir alle kennen jene seltenen Menschen, die offenbar immer glücklich erscheinen, ganz gleich, was für Schwierigkeiten ihnen im Leben begegnen – oder wir haben zumindest von ihnen gelesen oder gehört. Aber wir kennen wenigstens ein Dutzend jener reichen, berühmten und gesunden Menschen, die es verstanden haben, ihr eigenes Leben zur Hölle zu machen, von John Belushi bis Howard Hughes. Uns selbst unglücklich machen? Etwas völlig Natürliches.

Es sind nicht unbedingt die Ereignisse, die einen Menschen glücklich oder unglücklich, zufrieden oder unzufrieden machen. Entscheidend ist, wie man sich in seinem Inneren fühlt. Während des großen Börsensturzes 1929 hatten viele Makler, die in der Wall Street vor Verzweiflung aus dem Fenster sprangen, noch genügend

Geld, um einigermaßen glücklich und zufrieden den Rest ihrer Tage zu verleben. Der Börsensturz hat sie nicht ins Unglück gestürzt, ebensowenig wie das Fenster, aus dem sie gesprungen sind. Ihre eigenen Gedanken haben sie so weit gebracht.

Für die meisten Menschen können die eigenen Gedanken oft grausame und strenge Tyrannen sein, immerzu kritisierend und urteilend. Sie entfachen einen Sturm der Widersprüche und Verwirrungen. Sie verführen dich aus einer Laune heraus, das neueste Modell deines Lieblingsautos zu kaufen, und überlassen dir die Sorge, wie du die monatlichen Raten aufbringen sollst. Sie lassen dich beim Essen kräftig zulangen und jagen dir hinterher Sorgen über dein Gewicht ein. Sie lassen dich euren Hochzeitstag vergessen, aber erinnern dich daran, wie du einmal in der zweiten Klasse aus Versehen im Schlafanzug in die Schule gegangen bist. Sie erfüllen dich mit Wut auf die Forderungen deines Kindes oder deiner Eltern und jagen dir anschließend Schuldgefühle ein, daß du deinem Vater, deiner Mutter, deiner Tochter oder deinem Sohn gegenüber nicht großzügig genug bist. Job, Sex, Geld und Gesundheit – die Liste potentiell lästiger Gedanken, von denen dein Verstand gar nicht genug bekommen kann, ist scheinbar endlos. Aber es muß nicht so bleiben.

Deine Gedanken müssen dir keine Last sein. Meditation, die Kunst der mentalen Selbstkontrolle, kann dein Denken buchstäblich von Grund auf verändern. Deine Gedanken können von unangenehmen, tyrannischen Nervensägen zu nützlichen und lebendigen Begleitern werden. Warum fortfahren, die Gedanken gegen dich arbeiten zu lassen, wenn du sie dazu erziehen kannst, für dich zu arbeiten?

Warum ich mit der Meditation beginnen mußte

An meinem eigenen Werdegang von einem nicht meditierenden zu einem meditierenden Menschen kann man gut sehen, wie jemand, der mit seinen Gedanken auf Kriegsfuß stand, zu einer friedlichen und anregenden Koexistenz mit ihnen gefunden hat.

Früher ließ ich mich oft von meinen kleinlichen, herrschsüchtigen Gedanken tyrannisieren. Ich fühlte mich nur dann wohl, wenn alles so lief, wie ich es mir vorstellte, oder wenn ich ein besonders angenehmes Erlebnis hatte, während es mir den Rest der Zeit ziemlich schlecht ging. Ich verbrachte viel Zeit damit, mich aus unerfindlichen Gründen niedergeschlagen zu fühlen. Aber so war es immer schon für mich gewesen, und es gab keinen Grund für mich anzunehmen, daß die Dinge anders sein sollten oder daß es überhaupt etwas anderes gab.

1984 jedoch wurde alles anders. Ich stand kurz davor, die erste Version meines Schnellkurses für Blues-Mundharmonika in den USA herauszubringen, und war entsprechend stolz. Als mein Buch gerade gedruckt werden sollte, brachte ein anderer großer Verlag (dessen Verleger ich persönlich kannte und dem ich immer vertraut und sogar das Mundharmonikaspielen gelehrt hatte) ein eigenes Buch zum Thema Mundharmonika heraus, das meinem auf verblüffende Weise ähnelte. Mein eigenes Kind, so spürte ich, war gestohlen worden, und ich kochte vor Wut, war verletzt, verunsichert und deprimiert.

In dieser akuten Notlage ging mir immer wieder ein Gedanke durch den Kopf: die Vorstellung, daß es mir letztlich mehr wert wäre als zehn erfolgreiche Mundharmonikabücher, wenn ich die mißliche Lage, in die ich geraten war, irgendwie meistern würde.

Dieser Gedanke setzte sich durch. Ich besorgte mir psychologische, philosophische und metaphysische Literatur und studierte sie in aller Ruhe, in allen Einzelheiten. Einiges las ich sogar mehrmals. Vorher hatte ich solche Bücher zur Unterhaltung gelesen, oder um über die neuesten Theorien, die gerade «in» waren, Bescheid zu wissen. Nun hatte ich das Gefühl, es geht um mein Leben.

Fast alle meiner Lieblingsbücher empfahlen verschiedene tägliche Meditationspraktiken. Also begann ich, nach einer zwölfjährigen Pause, wieder mit der Technik der Transzendentalen Meditation™ zu experimentieren, die ich an der Universität gelernt, aber nie wirklich praktiziert hatte. Darüber hinaus nahm ich an einem zehntägigen Meditations-Retreat mit dem Psychologen und buddhistischen Lehrer Jack Kornfield teil und lernte, daß es eine enorme Vielfalt verschiedener Meditationstechniken gibt.

Ich begann, die Meditation zu studieren und sie zum Bestandteil meines täglichen Lebens zu machen. Je mehr ich die Kunst der mentalen Selbstkontrolle lernte, desto klarer wurden mir meine eigenen Gedankengänge. Ich merkte, wie ich immer weniger von meinen gewöhnlichen alten Angstgefühlen und Wünschen dominiert wurde. Die Hypochondrie, mein hartnäckigstes Schreckgespenst, kam zwar gelegentlich immer noch hervor, aber normalerweise erkannte ich sie sofort und konnte sie loslassen. Meine früheren tage- oder wochenlangen Depressionen begannen bereits nach wenigen Sekunden oder Minuten, allerhöchstens jedoch Stunden, zu verschwinden. Sogar die Unsicherheiten, von denen ich seit der Volksschule besessen war, begannen sich in aller Stille aus meinem Denken zu verabschieden.

Damit will ich nicht sagen, daß bei mir alles in Ordnung ist. Erstens wäre es nicht wahr, und zweitens würde ich mich vor meinen Freunden der wohlverdienten Lächerlichkeit preisgeben, falls sie dieses Buch einmal in die Hände bekommen sollten.

Es geht mir jedoch weitaus besser als früher, bevor ich begonnen hatte zu meditieren. Heute machen mir die äußeren Ereignisse weniger aus, und ich kann meine Gedanken und Gefühle besser verstehen und besser mit ihnen umgehen als vorher.

Ich glaube an die Meditation. Ich glaube, daß sie mir geholfen hat, und ich glaube, daß sie auch dir helfen kann. Deswegen habe ich dieses Buch geschrieben.

Ein wenig Geschichte und Physiologie der Meditation

Die folgenden Informationen sind nicht unbedingt erforderlich, um zu meditieren. Aber das Verständnis einiger historischer und physiologischer Zusammenhänge kann dir helfen, das Phänomen der Meditation besser zu verstehen. Viele der folgenden Gedanken verdanke ich dem Buch *Die Kunst kreativ zu sein* von Willis Harmon und Howard Rhinegold (siehe Bibliographie).

Die Vorfahren unserer Vorfahren vor vielen Millionen Jahren waren kleine, landbewohnende Säuger, nicht weit entfernt in ihrer Entwicklung von jenen abenteuerlustigen Fischen, die das Wasser verließen, um mit ihren Flossen über den Strand zu watscheln. Vor Millionen von Jahren, als unsere indirekten Vorfahren sich vom Boden erhoben, um sich von Baum zu Baum zu schwingen, begannen sich ihre kleinen Gehirne auf eine Weise zu entwickeln, die uns noch heute betrifft.

Die Baumkletterer mußten in der Lage sein, schnelle Entscheidungen zu treffen, wonach sie als nächstes greifen sollten. Wenn sie etwa im Fluge von Ast zu Ast nach einem zu dünnen Zweig oder nach einem Blatt anstatt nach einem beweglichen, aber soliden Ast griffen, konnte dieser Fehler durchaus tödliche Konsequenzen haben.

Also begannen ihre Gehirne die Fähigkeit zu entwickeln, Gegenstände mit gleichen Eigenschaften sofort zu erkennen. Ihre Augen prüften einen Gegenstand, und wenn seine Merkmale denen eines soliden Astes glichen, gab das Gehirn den Befehl, es zu wagen und zuzugreifen.

Als das Gehirn sich vergrößerte und unsere Vorfahren sich in Richtung Mensch entwickelten, behielt es diese Angewohnheit des Generalisierens bei und baute sie noch weiter aus. Unsere primitiven Vorfahren mußten sich sehr schnell entscheiden können, ob sie, wenn eine andere Kreatur sich näherte, bleiben oder lieber das Weite suchen sollten. Die Entscheidung zu fliehen konnte im Falle eines sich nähernden Flamingos den Verlust einer Mahlzeit nach sich ziehen, während die Entscheidung, sich einem Bär zum Kampf zu stellen, unter Umständen tödliche Folgen hatte.

Erst reagieren, dann denken

Anstatt in solchen Fällen eine umfangreiche Analyse anzustellen, lernte das Gehirn, sehr schnelle Schlußfolgerungen zu ziehen. Diese Schlußfolgerungen beruhten auf geistigen Bildern, die im Gehirn eingepflanzt waren und dann durch die allgemeine Größe und Gestalt eines Gegenstandes ausgelöst wurden. *Nachdem* die sofortige Reaktion stattgefunden hatte, konnte dann der Gegenstand oder das Wesen, das sich genähert hatte, aus sicherer Distanz sorgfältiger im Detail untersucht werden.

Unsere prähistorischen Vorfahren taten also nichts anderes, als auf ein geistiges *Bild* zu reagieren. Manch ein Höhlenmensch, der in der Dämmerung plötzlich einen Baumstumpf wahrnahm, ging zweifellos blitzartig in Deckung, weil seine Phantasie ihm das Bild eines geduckten Tigers vorspiegelte. Kurz danach, als er das Bild des Tigers mit der Realität des Baumstumpfs vergleichen konnte, fühlte er sich vielleicht peinlich berührt, aber wenn er nicht in Deckung gesprungen wäre, und es wäre doch ein Tiger gewesen...

Fluchtreflex...

Viele Psychologen und Philosophen gehen davon aus, daß diese Fähigkeit des Gehirns zur Verallgemeinerung uns auch heute noch dazu bringt, auf einen Gedanken, ein geistiges Bild so zu reagieren, als wäre es eine tatsächliche sinnliche Wahrnehmung. Wenn wir nachts eine einsame Straße in einer großen Stadt gehen, veranlaßt uns der Gedanke an einen Räuber, der in der nächsten Toreinfahrt lauern könnte, genauso zu reagieren, als würden wir tatsächlich einen sehen. Das gesamte Nervensystem mobilisiert seine Ressourcen. Adrenalin und andere Hormone werden im Körper ausgeschüttet, der Blutdruck steigt, und wir fühlen uns gespannt, der Fluchtreflex wird ausgelöst.

Der Gedanke an einen Atomkrieg, einen Autounfall, die Abmahnung vom Chef und jeder andere streßvolle Gedanke kann unseren Körper dazu bringen, mit diesem Mechanismus zu reagieren. Viele Menschen verbringen täglich einen Großteil ihrer Zeit in einem solchen Zustand chronischer Angst.

...oder Meditation

Über die ungesunden Wirkungen übermäßiger Angst wird spätestens seit fünfzig Jahren viel geschrieben. Glücklicherweise gibt es jedoch auch eine entgegengesetzte Reaktion, die «Entspannungsreaktion», die die Angst eines Fluchtreflexes ausgleicht, indem sie entspannend und beruhigend auf das Nervensystem reagiert. Darüber hinaus ist es wissenschaftlich erwiesen, daß eine bestimmte Form von Meditation, die ich «Gedankenklärung» nenne, eine höchst wirksame Methode ist, um die Entspannungsreaktion hervorzurufen. Für Leser, die an weitergehenden medizinischen Fakten über dieses Thema interessiert sind, empfiehlt sich Dr. Herbert Bensons Buch *The Relaxation Response* (siehe Bibliographie).

Die Entspannungsreaktion ist jedoch nur eine unter vielen nützlichen Wirkungen der Meditation. Wie wir bereits gesehen haben, können unsere Gedanken eine große Wirkung auf uns ausüben. Diese Wirkung muß nicht immer negativ sein. Je mehr wir lernen, den Fluß unserer Gedanken, die unentwegt durch unseren Kopf schwirren, zu beobachten, zu verstehen und zu beherrschen, desto besser können wir negative Wirkungen in positive umkehren. Das ist das Ziel der Meditation.

Vom Nutzen der Meditation

Wenn du bereits so viel über Meditation weißt, daß du zu einem Buch wie diesem gegriffen hast, dann weißt du wahrscheinlich auch, daß die Meditation eine ganze Reihe nützlicher Wirkungen erzielt. Sie wird dich beruhigen und dir helfen, mit dem Alltagsstreß fertig zu werden. Sie wird dir wahrscheinlich gestatten, mit weniger Schlaf auszukommen und gleichzeitig mehr Energie zur Verfügung zu haben. Sie kann eingesetzt werden, um Blutdruck und Puls herabzusetzen. Die Meditation wird dir helfen, das Leben mehr zu schätzen und Veränderungen oder Verlusten gelassener und einfühlsamer gegenüberzutreten.

Wenn man all diese Wohltaten der Meditation sieht, wieso gibt es dann überhaupt noch Menschen, die nicht meditieren? Darauf gibt es eigentlich nur eine Antwort: unsere eigene Schwerfälligkeit.

Trägheit

Es gibt sicherlich eine ganze Reihe von Gründen, die man finden kann, um nicht zu meditieren. Keiner dieser Gründe ist jedoch ein guter Grund. Falls du meinst, Gründe zu haben, nicht zu meditieren, solltest du das folgende Kapitel lesen und das Quiz «Warum ich nicht meditiere» mitmachen. Ich glaube, das wird dir helfen zu sehen, wie falsche Vorstellungen von der Meditation dich davon abhalten, eine der ältesten und nützlichsten Formen der Selbsthilfe für dich zu nutzen.

Hundert Gründe,
nicht zu meditieren – ein Test

Ende der sechziger bis Ende der siebziger Jahre waren viele Menschen auf der Suche nach ihrem «inneren Frieden». Jeder, der in dieser Zeit an einer Uni war, kam in Berührung mit zahlreichen Wegen zur Erleuchtung, und fast täglich konnte man darüber in der Zeitung lesen. Die Beatles gingen nach Indien, Shirley Mac-Laine nach Peru, und Scharen von Schülern folgten Maharaj Ji, dem fünfzehnjährigen «vollkommenen Meister» auf seiner Tournee durch die gesamten Vereinigten Staaten (bis ihn schließlich seine Mutter nach Hause holte, weil er sich teilweise nicht so benommen hatte, wie es einem Guru gebührt).

Viele Mitglieder dieser Generation haben ihre Suche jedoch mittlerweile aufgegeben. Andere hatten vielleicht niemals die Motivation – oder zuwenig Zeit und Geld –, um sich auf eine solche rein spirituelle Suche zu begeben. Vielleicht hatten wir ja insgeheim das sehnsüchtige Gefühl, daß da «womöglich doch etwas dran ist», aber es erschien uns unverbindlicher, das Ganze als eine vorübergehende Mode anzusehen und uns jenen anzuschließen, die sich darüber lustig machten: «Was werden sie wohl als nächstes tun?» Durch diese Einstellung und durch die in der Presse genüßlich breitgetretenen Berichte über die «Ausschweifungen» einiger Gurus wurde es sehr leicht gemacht, die gesamte Thematik einer spirituellen Suche in Bausch und Bogen mit Vorbehalt aufzunehmen.

Leider sind oft die Menschen, die der Meditation gegenüber die Einstellung «ohne mich» vertreten, diejenigen, die am meisten von ihr profitieren könnten. Innere Widerstände halten sie jedoch davon ab.

Andere Menschen, die aus einer täglichen Meditationspraxis

großen Nutzen ziehen könnten, finden nicht die Energie oder Motivation zu beginnen. **Am Anfang der Meditationspraxis ist das Schwerste, einfach damit anzufangen. Der folgende Test kann da eine Hilfestellung sein.**

Wie bereits erwähnt gibt es zahlreiche Bücher, die in die Meditation einführen. Möglicherweise sind nicht alle so nützlich, wie sie es sein könnten, aber sie sind erhältlich, und es gibt seit Jahrhunderten zahlreiche Methoden, um Meditierende zu unterweisen. Möglicherweise hast du ja auch schon mal angefangen zu meditieren, es dann jedoch nicht weitergeführt, wie dies so vielen mit der Transzendentalen Meditation™ gegangen ist. Ganz gleich, ob du es schon einmal ohne dauernden Erfolg probiert hast oder nicht, das nächste Kapitel wird dir helfen, schon heute mit der Meditation anzufangen.

Nina Feldman und das Syndrom des «Möchtegern-Meditierenden»

Dr. Nina Feldman, in Princeton ausgebildete Psychologin, ehemalige Anhängerin der Transzendentalen Meditation™, war ein typisches Kind der frühen siebziger Jahre. Ihr Ziel war es damals in eigenen Worten, «fließende weiße Gewänder zu tragen und zehn Zentimeter über dem Boden zu schweben». Das war allerdings, bevor sie nach Princeton ging.

Ich kenne Nina seit langer Zeit und habe mit ihr an den verschiedensten Projekten zusammengearbeitet. Am allerersten Anfang unserer Zusammenarbeit stand die Frage, wer von uns beiden zuerst das Licht der Welt erblicken sollte. Ich gewann damals mit einem Vorsprung von zehn Minuten. Trotz dieser unbestreitbaren Tatsache besteht Nina seither darauf, mich als ihren «kleinen Bruder» zu bezeichnen, wobei sie immer sagt, daß sie «in einem früheren Leben» ganz gewiß die Erstgeborene gewesen sein muß.

Doch Spaß beiseite: Vor zehn Jahren vereinigte sich das psychologische Fachwissen und die Experimentierfreude meiner Zwillingsschwester Nina mit meinem Interesse am Lehren von Instrumenten an Menschen, die sich selbst für «unmusikalisch» oder sogar «unfähig, eine Harmonie zu erkennen» hielten. Wir entwickelten einen Test, um diesen Menschen zu helfen, die Wurzeln für ihre Blockade auf diesem Gebiet zu finden.

Die Einblicke, die sie durch den Test gewannen, waren so nützlich, daß wir uns entschlossen, dasselbe Verfahren anzuwenden, um Menschen, die gern meditieren möchten, zu helfen, ihre Blockade bezüglich der Meditation zu erforschen. Dabei befragte Nina viele Menschen, die eine Scheu vor dem Meditieren hatten, und fand heraus, daß fast alle denselben inneren Konflikt in sich trugen: Einerseits wollten sie gern meditieren, und andererseits scheuten sie sich davor, den Versuch zu machen, es tatsächlich zu tun.

Das folgende Quiz soll dazu dienen, dir dabei zu helfen, deine eigene Meditations-Blockade herauszufinden. Der Test ist nicht geeignet vorherzusagen, wie stark du später als Meditierender motiviert sein wirst oder als wie nützlich sich die Meditation für dich erweisen wird. Die Antworten auf diese Fragen werden sich erst mit der Zeit ergeben. Das Quiz kann dir jedoch helfen, die Entschuldigungen und Ausflüchte zu identifizieren und zu überwinden, die dich bisher davon abgehalten haben, dein eigenes Meditationspotential zu erforschen.

Während du die einzelnen Fragen beantwortest, solltest du darauf achten, daß es keine falschen und richtigen Antworten gibt. Sei einfach so ehrlich wie möglich. Schreibe auf, ob du mit den folgenden Sätzen übereinstimmst oder nicht. Falls du den Eindruck hast, daß deinem persönlichen Zugang zur Meditation nichts im Wege steht, kannst du das Quiz einfach überspringen.

Warum ich nicht meditiere – Ein Test

1. Meditation ist es nicht wert, daß man seine Zeit dafür opfert, es sei denn, man hat jede Menge davon.

Stimmt / Stimmt nicht

2. Ich bin ein Mensch, der viel zu verspannt und hektisch ist, um zu meditieren.

Stimmt / Stimmt nicht

3. Meditation zieht am Anfang viele Menschen an, aber die meisten hören schon nach kurzer Zeit wieder damit auf. Wenn Meditation wirklich funktionieren würde, dann würden sicher viel mehr Menschen damit weitermachen.

Stimmt / Stimmt nicht

4. Meditation erfordert jahrelange Arbeit und Übung. Aus Büchern kann man ohnehin nichts lernen.

Stimmt / Stimmt nicht

5. Meditation funktioniert für einige Menschen, aber wahrscheinlich nicht für mich.

Stimmt / Stimmt nicht

6. Ich hätte wahrscheinlich gar nicht die Ausdauer, um mich wirklich an ein Meditationsprogramm zu halten.

Stimmt / Stimmt nicht

7. Die Menschen machen sich selbst etwas vor, wenn sie denken, daß die Meditation in ihrem Leben etwas verändern kann.

Stimmt / Stimmt nicht

8. Mein Terminplan ist viel zu eng, um Zeit für die Meditation darin zu finden.

Stimmt / Stimmt nicht

9. Dieses Buch wirkt auf mich wie eine Mickymaus-Version der Meditation. Ich warte lieber, bis ich mal etwas Authentischeres finde.

Stimmt / Stimmt nicht

Wenn du alle Fragen beantwortet hast, kannst du mit Hilfe der folgenden vier Abschnitte dein persönliches Testergebnis ermitteln. Während du die folgenden Abschnitte liest, solltest du dich immer wieder auf die Antworten beziehen, die du auf die einzelnen Fragen gegeben hast. Die meisten Menschen, die gern meditieren würden, werden dabei merken, daß wenigstens eine der irrtümlichen Annahmen, die in ihren Antworten zum Ausdruck kommen, ihnen im Wege gestanden hat.

Der Mythos von der angeborenen Begabung: Frage 2, 5 und 6

Viele Menschen, die sich ihrem eigenen Meditationspotential verschließen, hängen einem weitverbreiteten und hinderlichen Mythos nach. Glaubst du, daß alle erfolgreich Meditierenden mit der Fähigkeit geboren wurden, ihre Gedanken zur Ruhe kommen zu lassen und sich auf ihr Innenleben zu konzentrieren? Wenn du auf diese Fage mit ja antwortest, liegst du falsch!

Die Wahrheit ist, daß man sich zu einem meditativen Menschen entwickelt und nicht als solcher geboren wird. Die Fähigkeit zum Meditieren ist etwas, das jeder Mensch besitzt. Sie muß jedoch gehegt und gepflegt werden, damit sie Früchte tragen kann. Es spielt keine Rolle, für wie verspannt oder wie wenig spirituell du dich augenblicklich hältst, der Preis wartet auf dich, aber nur wenn du dich wirklich bemühst.

Sobald du wirklich daran glaubst, kannst du dich von einem Menschen, der gern meditieren würde, zu einem, der schon begonnen hat zu meditieren, entwickeln und so dein Leben durch diese außerordentlich nützliche Fähigkeit bereichern. Wenn du dir lebhaft vorstellst – visualisierst –, wie du meditierst, wird dir das helfen, die ersten Schritte zu unternehmen, um die Widerstände gegen dein meditatives Potential aufzulösen. Nicht jeder wird genügend Zeit und Lust haben, um mehrere Stunden jeden Tag zu meditieren. Aber jeder, der den aufrichtigen Wunsch hat zu meditieren, kann sofort anfangen, diese Methoden zu lernen und anzuwenden.

Je größer, desto besser: Fragen 4 und 9

Falls du meinst, dieses Buch sei zu einfach, um dich wirklich etwas Neues zu lehren, dann lebst du möglicherweise nach dem Motto: «Je größer, desto besser» oder «Warum denn einfach, wenn es auch kompliziert geht?» Warum müssen die Dinge anscheinend erst furchtbar kompliziert (oder auch teuer) sein, bevor wir sie zu schätzen wissen?

Die Schönheit der Meditation liegt in ihrer Einfachheit. So einfach, wie die Dreiminutenmeditationen scheinen, so grundlegend sind sie für jeden, der lernen will, die Meditation zum Bestandteil seines Lebens zu machen. Wenn dir in Zukunft die Meditation wie ein Kinderspiel erscheint, um so besser.

Es kommt nicht so sehr darauf an, wieviel oder wiewenig du tust, *einfach anzufangen* zählt. Dazu soll dieses Buch verhelfen. Wenn du einmal angefangen hast, kannst du deine Meditationspraxis in jeder Richtung ausbauen, die dir richtig erscheint.

Keine Zeit: Fragen 1 und 8

Wenn du die Meditation als etwas betrachtest, das unheimlich viel Vorbereitungszeit erfordert, wirst du wahrscheinlich nie damit anfangen. Heute wird es schlecht aussehen und morgen noch viel schlechter. Das Leben ist für viele von uns so hektisch, daß es beinahe unmöglich erscheint, sich eine halbe Stunde täglich freizunehmen. Und das auch noch mehrmals zu tun, womöglich zweimal täglich, ist genug, um die meisten von uns denken zu lassen: «Vielleicht nächstes Jahr, wenn ich es etwas ruhiger angehen kann».

Für diejenigen, die sich von Zeitmangel unter Druck gesetzt fühlen, wird die Meditation wahrscheinlich immer auf unbestimmte Zeit in die ferne Zukunft verschoben. Dabei trägt die Zeit der Meditation, selbst wenn es nur drei Minuten sind, oft dazu bei, daß die Gedanken sich klären und der Rest des Tages viel glatter zu laufen scheint, so, als hätte die Zeit sich irgendwie gedehnt, um sich auf die entstehenden Bedürfnisse einzustellen. Der Irrglaube, daß die Meditation viel Zeit in Anspruch nimmt, hat viele Menschen, die gern meditieren würden, lange davon abgehalten (einschließlich David und Nina).

Meditation bringt ja doch nichts: Fragen 3 und 7

Es gibt Menschen, die glauben an den aggressiven Grundsatz, daß Angriff die beste Verteidigung sei. Den Nutzen der Meditation in Frage zu stellen ist für viele, die sich überlegt haben, ob sie meditieren sollen, ein Mittel, um sich selbst davon zu überzeugen, daß sie ja eigentlich nichts versäumen, wenn sie nicht meditieren.

Meistens beruhen solche Angriffe auf einem vorprogrammierten Gefühl des Scheiterns. Menschen, die gern meditieren würden, aber eine Blockade haben, fragen sich oft: «Warum soll ich es denn versuchen, wo es doch offensichtlich nichts bringt?» Ein anderes Element dieses Angriffs besteht in der Verunglimpfung der Meditation, weil angeblich alle, die damit anfangen, nach kurzer Zeit wieder aufhören. Diese Beobachtung ist jedoch eher auf unwirksame Lehrmethoden und unrealistische Erwartungen zurückzuführen, als daß sie etwas mit dem Wert der Meditation zu tun hätte.

Seit Menschengedenken kennt man aus allen großen Religionen eigene Meditationstechniken. Die Meditation hat die Zeiten überdauert; wenn du also den vorübergehenden Wert der Meditation als Entschuldigung brauchst, dann bist du keinesfalls auf dem neuesten Stand. Es ist Zeit, deine übertriebene Skepsis aufzugeben und dich mit der Dreiminutenmeditation zu beschäftigen.

Die Meditation zum Teil unseres Lebens machen

Wenn du erst einmal die vier häufigsten Gründe verstanden hast, die den Menschen bei der Meditation im Wege stehen, wirst du hoffentlich auch mit unserer abschließenden Analyse übereinstimmen: Wenn irgend etwas zwischen dir und der Meditation steht, dann ist es deine mangelnde Bereitschaft, *jetzt* damit anzufangen.

Rufen wir uns noch einmal die vier Hindernisse auf dem Weg zur Meditation ins Gedächtnis: Die Vorstellung von der angeborenen Fähigkeit ist nur ein Mythos, denn jeder besitzt die gottgegebene Fähigkeit zu meditieren. Die «Je größer desto besser»-Philosophie ist meistens nichts anderes als spiritueller Snobismus, unproduktiv, aber angesichts unserer statusorientierten Kultur verständlich. Die Rechtfertigung «Meditation bringt nichts» gehört schließlich absolut zur Kategorie «saurer Apfel». Die Meditation kann nur dann nichts bringen, wenn du sie nicht versuchst. «Keine Zeit» ist auch keine Entschuldigung mehr, denn die Dreiminutenmeditation zeigt klar, daß Meditation, auch wenn sie in kurzen Zeiträumen stattfindet, effektiv sein und die allgemeine Lebensqualität verbessern kann.

Wenn dein Ziel realistisch ist («Ich würde gern meine Gedanken ins reine bringen») statt perfektionistisch («Ich muß auf dem schnellsten Wege zur Erleuchtung gelangen»), dann sind die Fortschritte auf dem Weg zur Meditation von Anfang an fast garantiert. Alles, was du dazu tun mußt, ist, ein paarmal tief durchatmen, dich entspannen – und weiterlesen.

Lesen über das Schwimmen

Es gibt einen alten Witz über einen Intellektuellen, der am liebsten immer nur las. Er las alles über Philosophie, was er finden konnte, und wurde zu einem Philosophen. Er las alles über Mathematik, was er finden konnte, und wurde zu einem Mathematiker. Dann las er alles über das Schwimmen – und ertrank, als er ins Wasser ging.

Es gibt einige Dinge, die du einfach tun mußt, anstatt über sie zu lesen. Das Meditieren ist eines davon. Selbst wenn du meinst, du weißt nicht viel über das Thema, kann jetzt ein guter Zeitpunkt für dich gekommen sein, um dir drei Minuten (oder auch nur eine) Zeit zu nehmen und die Meditation auf der nächsten Seite zu tun. Die Instruktionen sind einfach und klar, du brauchst nicht viel darüber nachzudenken, sondern kannst es einfach einmal probieren.

Die Atemzählmeditation

Setz dich bequem an einen ruhigen Ort, den Rücken gerade, die Füße flach auf dem Boden, die Hände im Schoß.

Zähle beim Ausatmen deine Atemzüge, still für dich: «Einatmen… 1, Einatmen… 2, Einatmen… 3, Einatmen… 4». Dann fang wieder von vorn an: «Einatmen… 1». Tu es *jetzt* einmal, bevor du weiterliest.

Nun kannst du die Instruktionen weiterlesen und zwischendurch ein paarmal diese einfache Meditation versuchen. Versuche, dich nicht zu verzählen, und achte darauf, daß du deinen Atem nicht veränderst oder regulierst. Sieh, ob du die körperliche Empfindung jedes Atemzuges, des Einatmens wie des Ausatmens, spüren kannst, wie die Luft durch deine Nase oder deinen Mund fließt. Fühlt sie sich warm oder kühl an? Ist es ein schneller Atemzug oder ein langsamer?

Wenn du merkst, daß du über etwas anderes nachdenkst, außer deinen Atem zu fühlen und die Atemzüge zu zählen, konzentriere dich wieder auf die körperliche Empfindung des Atems und die Anzahl der Atemzüge. Wenn du dir nicht mehr ganz sicher bist, beim wievielten Atemzug du gerade bist, fang sofort noch einmal mit «Einatmen… 1» an. Kein Beurteilen, kein «o je, ich hab's verpatzt», sondern nur zurück zu «Einatmen… 1».

Wenn du dich einem Lieblingshobby widmest, wie Modellbau oder Nähen, dann konzentrieren sich deine Gedanken normalerweise direkt auf das, was du tust. Deine bevorzugten Gedanken bestehen dann darin, wie du zwei Holzteile zusammenkleben kannst oder eine bestimmte Naht fertig bekommst. Jetzt kannst du davon ausgehen, daß deine bevorzugten Gedanken darin bestehen, daß du jeden Atemzug zählst und spürst, wie sich der Atem anfühlt. Alle anderen Gedanken, Erinnerungen, Pläne, Ängste, Wünsche, der Gedanke an die nächste Mahlzeit oder was auch immer dir in den Sinn kommt, wird auf sanfte Weise durch dein «Einatmen… 1, Einatmen… 2» und so weiter ersetzt, sobald du merkst, daß sich etwas anderes einschleichen will. Und das wird es auf jeden Fall versuchen. Natürlich ist es nicht leicht, die Konzentration aufrechtzuerhalten. Aber es ist auf eine seltsame

Weise befriedigend, wenn man merkt, daß es immer natürlicher wird.

Die Schönheit dieser Meditation besteht darin, daß man sie, wenn man sie erst einmal gelernt hat, *überall* durchführen kann. Versuch sie einmal im Bus oder während einer langatmigen Sitzung. Wie alle Übungen, die dazu gedacht sind, die Gedanken zu klären, wird die Atemzählmeditation nach einer Weile ein angenehm ruhiges und friedliches Gefühl erzeugen. (Die Entspannungsreaktion setzt ein.) Nun kannst du die Meditation noch einmal durchführen, oder du liest weiter, ganz wie du willst.

Erster Teil

Die Reise zur Erleuchtung

Im ersten Teil werde ich auf einige Begriffe eingehen, die dir helfen werden, die Meditation klarer und vollständiger zu verstehen. Als erstes werde ich eine bestimmte Denkweise vorstellen, die anscheinend alle irgendwann annehmen, die schon lange mit dem Gedanken gespielt haben zu meditieren, aber es niemals getan haben. Anfänglich mag diese alternative Weltsicht noch etwas unwahrscheinlich klingen, aber wenn du meditierst, wird sie beginnen, auf intuitive Weise einleuchtend zu sein.

Ich werde darüber hinaus von etwas sprechen, was man allgemein den Zustand der «Erleuchtung» nennt. Menschen, die nicht viel von Meditation verstehen, konzentrieren sich oft ausschließlich auf diesen flüchtigen Zustand als das einzige Ziel, das ein Anfänger der Meditation vor Augen hat. Tatsächlich behindert oder entmutigt dieses Mißverständnis eher bei der Meditation, als zu helfen oder zu inspirieren. Zu verstehen, daß die Erleuchtung mehr Reise als Ankunft ist, ist weitaus nützlicher, als sich übereifrig auf ein angebliches spirituelles Ziel zu fixieren. Auf der Reise kommt es auf jeden einzelnen Schritt an.

Für einige Menschen (ich zähle mich dazu) erscheint die Vorstellung, zur Erleuchtung zu gelangen, eher als eine Art Luftschloß. Das ist durchaus angebracht, denn der Hauptzweck der Meditation besteht in ihrer Nutzung als praktisches tägliches Werkzeug mit sofortiger nützlicher Wirkung.

Ich werde den ersten Teil des Buches beschließen, indem ich die drei wichtigsten Schritte auf dem Weg vorstelle, den die Meditation uns helfen wird zu entdecken.

Ein Reiseführer zum Universum für Meditierende

«Allein gegen alle» – Die westliche Weltsicht

Die meisten Menschen in unserer überarbeiteten westlichen Welt halten an einer ziemlich beschränkten, aber überaus populären Sicht von sich selbst und ihrer Umwelt fest. Ich nenne das die «westliche Weltsicht» und will beginnen, indem ich die Selbstwahrnehmung beschreibe, die Teil dieser Weltsicht ist.

Wenn wir die westliche Weltsicht annehmen, sehen wir uns selbst hauptsächlich als Körper, ein paar Kubikfuß von in Haut eingewickeltem Fleisch mit einem höchst spezialisierten Brokken am oberen Ende, den man das Gehirn nennt. Komplexe chemische Abläufe in diesem Gehirn setzen irgendwie Instinkte, Emotionen, Gedanken und ein Selbstbewußtsein in Gang.

Wir sind der Meinung, daß alles, was sich innerhalb der Haut befindet, «Ich» ist und alles außerhalb «Nicht-Ich». Dieses Nicht-Ich schließt alles und jeden ein, Steine und Waschbären ebenso wie Immobilienmakler.

«Wir alle sind eins»: Die meditative Weltsicht

Es gibt jedoch mehr als eine Möglichkeit, sich selbst in Beziehung zum Rest des Universums vorzustellen. Über die Jahrtausende haben Mystiker und Meditierende (beides gehört oft zusammen, muß aber nicht) aller Richtungen eine andere Meinung vertreten, die ich die «Meditative Weltsicht» nennen will.

In der meditativen Weltsicht ist das Universum, in den Worten des theoretischen Physikers Sir James Jeans ausgedrückt, mehr ein «gigantischer Geist» als eine «gigantische Maschine». Jeder Mensch ist eher ein Gedanke dieses gigantischen Geistes als ein einsames Rädchen im Getriebe, das beinahe unabhängig innerhalb der riesigen Maschine funktioniert (wie in der westlichen Weltsicht). Einige Menschen beziehen sich auf den großen Geist als auf das universale Bewußtsein. Andere ziehen es vor, darin Gott zu sehen, die höheren Mächte oder das All.

Das wichtigste Element der meditativen Weltsicht besteht darin, daß wir weit mehr sind als ein winziger, isolierter Körper / Geist. Statt dessen sind wir ein zwar kleiner, aber wichtiger Teil des kollektiven Unbewußten, das alles einschließt, was jemals existiert hat. Wir haben diese Tatsache nur vorübergehend aus den Augen verloren, als wir in diese Kultur mit ihrer vorherrschenden westlichen Sichtweise geboren wurden.

Einige Analogien können helfen, dieses Konzept zu verdeutlichen. Wenn du dem Unterschied dieser beiden Weltsichten weiter auf den Grund gehen möchtest, solltest du die Bücher von Watts und LeShan lesen, die in der Bibliographie am Ende aufgeführt sind.

Die Traumanalogie

> «*Row, row, row the boat, gently down the stream.*
> *Merrily, merrily, merrily, merrily, life is but a dream.*»

Ich kenne dieses alte englische Wiegenlied schon seit meiner frühesten Kindheit, wie wahrscheinlich fast alle Kinder in England und Amerika, ohne jemals über seine wirkliche Bedeutung nachgedacht zu haben. Dennoch haben seit Tausenden von Jahren die Philosophen aller Kulturen die Menschen mit Traumgestalten verglichen, deren Realität auf den Traum, dem sie entspringen, beschränkt ist.

Was ist ein Traum? In jedem Traum gibt es eine Vielzahl verschiedener Gestalten. Wahrscheinlich glaubst du im Traum, du bist eine bestimmte Gestalt. Du weißt, welche Traumgestalt du bist, obwohl diese Gestalt sich durchaus von dir im Wachzustand unterscheidet.

Ich habe geträumt, ich wäre älter oder jünger. Ich war im Traum ein Russe und sogar ein Marsmensch. Wer auch immer ich im Traum bin, ich weiß, daß ich es bin, obwohl mein Traumcharakter sich von einem Teil des Traumes zum anderen verändern kann.

Obwohl ich es während des Traums nie merke, ist es doch immer mein Wachbewußtsein, das alle meine Traumcharaktere formt.

In der meditativen Weltsicht können wir sagen, daß jeder Mensch wie eine Traumgestalt auf der Bühne des Traumes ist, der von dem großen Geist geträumt wird. Der große Geist (oder Gott oder das universale Bewußtsein) träumt sowohl mich als auch jeden anderen und sämtliche Gegenstände innerhalb dieses real scheinenden Traumes, den ich lebe. Da ich diesen universalen Traum aus meiner eigenen begrenzten Perspektive sehe (der westlichen Weltsicht), erscheinen die anderen Menschen und Gegenstände von mir getrennt, obwohl sie es in Wirklichkeit nicht sind. Wir alle sind Gestalten innerhalb desselben universalen Traums, der vom Geist Gottes geträumt wird. Und alles ist «nur» ein Traum, gleich wie real es sich anfühlt.

Unsichtbare Verbindungen

Ein Pilz, der aus dem Boden wächst, erscheint wie eine einzelne Pflanze. Und doch ist das daumengroße Stück, das wir den Pilz nennen, nur ein winziger, vergänglicher Teil des riesigen unterirdischen Pilz-Netzwerkes (bekannt unter dem Namen Myzel), das das ganze Jahr über wächst und so groß werden kann wie ein Fußballfeld. Die Tausende von Pilzen, die sich auf einer Wiese ausbreiten, scheinbar jeder für sich, sind alle Organe eines einzigen Organismus.

In der westlichen Weltsicht wird ein Mensch irrtümlich ebenso vereinzelt gesehen wie der Pilz auf der Wiese. Winzig, vorübergehend und isoliert. Wenn wir es jedoch aus der Perspektive des Meditierenden betrachten, sehen wir den Pilz als integralen Bestandteil des Myzelfeldes und das menschliche Individuum als Teil des universalen Bewußtseins.

Der kosmische Ozean

Eine Woge im Ozean scheint eine individuelle Existenz zu haben. Sie erscheint und existiert für eine Weile. Man kann sie beobachten, ihr zuhören und auf ihr reiten. Dann verschwindet sie wieder im Ozean, der sie hervorgebracht hat. Versuche dich dir selbst einmal als eine Woge im Ozean des Bewußtseins vorzustellen.

Unsere Weltsicht –
eine weitverbreitete Perspektive

Unsere Wahrnehmung einiger ganz grundlegender Themen wird davon beeinflußt, ob wir die westliche oder die meditative Weltsicht annehmen. Die Einstellungen der Geburt, dem Tod und allen Zwischenzuständen gegenüber werden von unserer Wahl der Weltsicht geprägt.

Geburt

In der westlichen Weltsicht wird die Geburt als ein mechanisches Ereignis gesehen, das durch die Kombination von Eizelle und Sperma wie durch zwei Chemikalien entstanden ist, die gemeinsam eine Verbindung mit ihren eigenen unterschiedlichen Eigenschaften eingegangen sind. Das Bewußtsein resultiert aus den biochemischen Reaktionen, die innerhalb des neu gebildeten Gehirns ablaufen.

In der meditativen Weltsicht verursacht ein Impuls oder ein Wunsch des großen Bewußtseins, sich in der physischen Realität zu verwirklichen, das notwendige Zusammenspiel, um Mann und Frau und schließlich Sperma und Eizelle zusammenzubringen. Jeder Mensch ist daher eine Art «Recyclingprodukt» des universalen Bewußtseins.

Gott

In der westlichen Weltsicht wird Gott im allgemeinen als jemand angesehen, der weit oben, getrennt von der Welt existiert. Gott ist der Schöpfer des Universums, beinahe so, wie ein Mensch etwas aufbauen und dann als Geschäft betreiben würde.

In der meditativen Weltsicht ist Gott nicht von der Welt getrennt, sondern er *ist* das Bewußtsein, aus dem alles gebildet wird. Gott *ist* das gesamte Universum, das schließt mich, dich und Mutter Teresa ebenso ein wie Al Capone.

Aus westlicher Sicht gilt jemand, der sagt: «Ich bin Gott», wahrscheinlich als verrückt, und er wird zudem erwarten, daß sich alle anderen vor ihm hinknien sollen. Aus meditativer Sicht heißt es, wenn jemand sagt: «Ich bin Gott», möglicherweise nur, daß er verstanden hat, daß alle Menschen und alle Dinge Gott sind, denn Gott ist der «Stoff», aus dem alles gemacht ist.

Ursache und Wirkung

In der westlichen Welt vollbringt jeder Mensch bestimmte Handlungen, die in der Welt bestimmte Wirkungen haben. In der meditativen Weltsicht ist alles, was man tut, mit allem anderen verbunden und voneinander abhängig.

Denk nur an Nachbars Katze. Wie sie durchs Viertel streicht, erscheint in westlicher Sicht vollkommen zufällig und unabhängig von allem anderen. Aus meditativer Perspektive jedoch wird die Katze von einem bestimmten Hof angezogen, weil dort eine große Hecke steht, in der viele Vögel nisten, während in einem anderen Hof ein großer Hund das Regiment führt. Die Hecke wurde von einer Familie gepflanzt, die das Land nach dem Erdbeben von 1890 verlassen hat. Die andere Familie kaufte den Wachhund, nachdem man im Nachbarhaus eingebrochen hatte. Auf eine sehr reale Weise stehen die Bewegungen der Katze heute mit einem Erdbeben in der Vergangenheit und der Furcht vor einem möglichen Verbrechen in der Zukunft in Verbindung. Dieselbe allseitig verbundene Sichtweise kann auf jedes Ereignis angewendet werden: politisch, sozial, ökonomisch oder zwischenmenschlich.

Gut und Böse

In der westlichen Weltsicht nennt man Ereignisse oder Menschen, die man mag, «gut» und die anderen, die man nicht mag, «böse». Gut und Böse gelten als absolute Begriffe. Es ist jederzeit möglich, sie zu unterscheiden und zu sagen, was gut und böse ist.

In der meditativen Weltsicht gilt es, daß gut und böse relative Begriffe sind. Jeder ist nur gültig, wenn man ihn von einem bestimmten Standpunkt aus betrachtet. Während des amerikanischen Bürgerkrieges würde ein Anhänger des Nordens General Grant für gut halten und General Lee für böse. Ein Südstaatler würde genau umgekehrt denken.

Tod

In der westlichen Weltsicht bedeutet der Tod des Körpers notwendigerweise auch den Tod des Bewußtseins, denn das Bewußtsein ist lediglich ein Nebenprodukt der biochemischen Aktivitäten des Gehirns. Selbst diejenigen westlichen Beobachter, die einen traditionellen jüdisch-christlichen Hintergrund haben, können es bisweilen schwierig finden, ihre religiösen Ansichten über ein Weiterleben nach dem Tode mit ihren Ansichten einer physiologischen Realität zu versöhnen.

In der meditativen Weltsicht bedeutet der Tod eine Art Wiederaufnahme oder Recycling in das universale Bewußtsein. Der Glaube an ein Leben nach dem Tode ist daher keineswegs abwegig, sondern durchaus natürlich, selbst wenn die spezifischen Einzelheiten gegenwärtig noch nicht erkennbar sind. Praktisch alle spirituellen Lehrer, von Moses bis Martin Buber und von Jesus bis Thomas Merton, haben einen tiefen Glauben an die meditative Sicht von einem Leben nach dem Tod besessen.

Leben in der «wahren» Welt

Wenn du dir die meditative Weltsicht zu eigen gemacht hast, heißt das jedoch noch lange nicht, daß du den Großteil deiner Tage nicht in der westlichen Welt verbringst. Da das so ist, ist es ganz praktisch und manchmal sogar notwendig, so zu tun, als ob Ursache und Wirkung, Leben und Tod, Gut und Böse real sind und im Leben Bedeutung haben.

Ein theoretischer Physiker weiß, daß der Küchentisch größtenteils aus leerem Raum und schwirrenden Elementarteilchen besteht. Trotzdem wird er zuversichtlich seine Kaffeetasse darauf abstellen. Ein australischer Ureinwohner glaubt an die «Traumzeit», eine mythische Realität, in der die Welt von Träumen und Geistern regiert wird, die den Ausgang aller Ereignisse bestimmen. Dennoch verläßt er sich gleichzeitig auf seine Kenntnisse im Verhalten der Tiere und auf seine Ortskenntnis, um zu überleben.

Du kannst in der Welt leben und agieren, indem du von der westlichen Weltsicht Gebrauch machst. Gleichzeitig kannst du anfangen, dich für die Möglichkeiten zu öffnen, die die meditative Weltsicht bietet. Der folgende Abschnitt kann dir helfen, dir diese Sicht unmittelbar zu eigen zu machen (wenigstens auf intellektueller Ebene).

Schritte zur meditativen Weltsicht

Je mehr du meditierst, desto mehr wirst du emotional und intuitiv das Gefühl haben, die meditative Weltsicht ist richtig. Heute hast du möglicherweise noch deine Zweifel und fragst dich: Kann diese Sichtweise überhaupt realistisch sein?

Meine Antwort darauf ist, daß sie eine *praktische* Sicht der Dinge ist, statt einer wissenschaftlichen oder spirituellen. Dieselbe Antwort trifft auf die vielleicht älteste Frage der Menschheit zu: «Gibt es ein Leben nach dem Tode?»

Es gibt anscheinend einige Hinweise darauf, daß ein Teil der Person, die stirbt, nach dem Ableben des Körpers bestehen kann, obwohl es unmöglich ist, dies mit Sicherheit zu sagen, bevor man es selbst erlebt hat. Ich bin jedoch ganz sicher, daß es nicht schaden kann, den Glauben an eine fortgesetzte Existenz nach dem Tode aufrechtzuerhalten. Und ich werde auch erklären warum.

Wenn wir recht haben, werden wir gut auf eine fortgesetzte Existenz vorbereitet sein. Darüber hinaus werden wir in diesem gegenwärtigen Leben von der Hoffnung und Zuversicht, die von einem Glauben an ein unsterbliches Bewußtsein ausgehen, profitieren.

Falls wir nicht recht haben und das absolute Nichts auf den Tod folgt, werden wir unseren Fehler niemals erkennen. Aber wir werden trotzdem im Leben von unserem Glauben profitiert haben. Wir können also gar nichts falsch machen, wenn wir an ein Weiterleben nach dem Tode glauben.

Wir können uns auf der anderen Seite ebensogut entschließen, nicht an ein Fortleben des Bewußtseins nach dem Tode zu glauben. Falls wir dann recht behalten und auf den Tod das Nichts folgt, werden wir niemals die Befriedigung haben zu wissen, daß wir recht hatten. Und falls wir unrecht haben, werden wir nicht nur schlecht auf das Kommende vorbereitet sein, sondern wir werden uns auch noch um die Wohltaten betrogen haben, die damit verbunden sind, wenn man im Leben an ein Weiterleben nach dem Tode glauben kann. Ein wahrhaft schlechtes Geschäft!

Genauso verhält es sich mit der meditativen Weltsicht. Wenn ich unrecht hatte, werde ich es niemals herausfinden. Recht oder

Unrecht, mein Vertrauen auf diese Perspektive kann mir helfen, mein Leben in der Gegenwart mit gesteigerter Lebensfreude und Zuversicht zu leben.

Erleuchtung – Was ist das?

Nach meiner Meinung bezieht sich der Begriff Erleuchtung auf einen geistigen Zustand, in dem die Gedanken klar genug geworden sind, um die Welt mit den Augen eines Meditierenden zu sehen, zumindest den überwiegenden Teil der Zeit. Das bedeutet, daß man versteht, daß alles miteinander in Verbindung steht, daß die physische Realität lange nicht die ganze Wahrheit darstellt. Das heißt zu begreifen, daß der Körper eher Ausdruck eines innewohnenden Bewußtseins ist, als daß das Bewußtsein ein bloßes biochemisches Nebenprodukt des Körpers wäre. Dazu gehört auch, daß man diesem Wissen gemäß lebt und daß der Geist von den verwirrenden Ängsten und Wünschen des täglichen Lebens ungetrübt bleibt.

Vielleicht hast du bereits gemerkt, daß die Erleuchtung gar nicht so leicht zu erlangen ist. Wenn sie das wäre, dann würden wir bereits alle erleuchtet durch die Welt laufen, es gäbe keine Kriminalität mehr, keine Armut, keinen Haß und keinen Krieg – und ich müßte mich wieder meinen Lehrbüchern für die Mundharmonika widmen.

Mach dir nicht zu viele Gedanken darüber, wie «erfolgreich» du bei deinem Streben nach Erleuchtung bist. Frag lieber nicht: «Bin ich schon soweit?» Eine alte Weisheit lautet (und die meisten alten Weisheiten tragen tatsächlich ein Körnchen Wahrheit in sich, sonst hätten sie sich nicht so lange gehalten): «Der Weg ist das Ziel». Auf dem Weg zur Erleuchtung besteht das Hauptvergnügen darin, sich auf sie zuzubewegen. Die meiste Arbeit ist bereits getan, wenn man sich erst einmal auf dem Weg befindet. Und, um eine weitere alte Binsenweisheit zu zitieren: «Die längste Reise beginnt mit einem Schritt». Eine einzige Dreiminutenmeditation ist vielleicht nur ein kleiner Schritt, aber er wird dich auf den Weg bringen – vorausgesetzt, du machst ihn.

Schritte auf dem Weg

Alle im folgenden beschriebenen Schritte sind Bestandteile des Weges zur geistigen Selbstkontrolle, hin zu jenem flüchtigen Zustand, den wir «Erleuchtung» nennen. Jeder Schritt entspricht einer Reihe von Übungen zur Dreiminutenmeditation, die im zweiten Teil vorgestellt werden. Wenn du die Kapitel über diese Schritte liest, wirst du verstehen, warum die Übungen wichtig sind. Am allerwichtigsten ist es jedoch, sie wirklich zu tun!

Es war nicht einfach, die verschiedenen Schritte in eine logische Folge zu bringen. Wie du bereits bei der meditativen Weltsicht gemerkt hast, verschmelzen, überlappen und beeinflussen die verschiedenen Schritte sich gegenseitig. Ich bin mir jedoch sicher, daß für die meisten Menschen der erste Schritt, «Die Klärung des Denkens», der geeignete Anfang ist. Tatsächlich kannst du ohne weiteres ein ganzes Leben (oder auch zwei) mit diesem ersten Schritt verbringen. Ich verbringe noch immer achtzig bis neunzig Prozent meiner Meditationszeit mit Übungen zur Klärung des Denkens.

Der zweite Schritt, «Das Beobachten des Denkens», scheint ganz natürlich auf den ersten zu folgen und den dritten, «Die Zähmung des Denkens», vorzubereiten. Du solltest dir jedoch die Freiheit nehmen, die Dreiminutenmeditationen in jeder beliebigen Reihenfolge zu versuchen, sobald du mit dem Gebrauch der Übungen zur Klärung der Gedanken begonnen hast.

Der erste Schritt: Die Klärung des Denkens
Fast alle positiven Wirkungen der Meditation können allein durch die Übungen zur Klärung des Denkens erzielt werden. Jede dieser Übungen hilft, den konstanten Strom der Gedanken zu beruhigen.

Zuviel Theorie? Dann schlag gleich Seite 46 auf und beginne mit den Übungen zur Klärung des Denkens.

Der zweite Schritt: Das Beobachten des Denkens

Die Übungen des zweiten Schrittes werden dir helfen, die Gedanken, die dir durch den Kopf gehen, zu beobachten. Anstatt in die spezifischen Inhalte jedes einzelnen Gedankens verwickelt zu werden, beginnst du den Prozeß zu sehen, durch den die Gedanken entstehen und wieder vergehen. Wenn du gelernt hast, diesen permanenten Film deiner Gedanken zu sehen, ebenso wie du einen Kino- oder Fernsehfilm beobachten würdest, dann hast du auch die Freiheit, aufzustehen und zu gehen oder den Kanal zu wechseln, wann immer du willst.

Der dritte Schritt: Die Zähmung des Denkens

Die Übungen zur Zähmung der Gedanken beruhen auf vier Grundhaltungen, Mitgefühl, Vorstellungskraft, Entspannung und Nicht-Wissen, die uns bei allen Dreiminutenmeditationen helfen werden.

Von allen gedankenzähmenden Mitteln ist das Mitgefühl besonders wichtig. Ohne Mitgefühl wird selbst das Erlernen der Meditation nur eine weitere Gelegenheit, ein strenges Urteil über dich selbst zu fällen.

Wie lange soll es dauern?

Laß dich nicht entmutigen, wenn diese Schritte auf den ersten Blick zu schwierig erscheinen. Niemand erwartet von dir, daß du sie im Eilverfahren beherrschst. Tatsächlich sprach Buddha davon, daß es durchschnittlich einhunderttausend Mahakalas (wörtl.: «große Zeiten») dauert, bis jemand zur Erleuchtung gelangt. Eine Mahakala ist ungefähr die Zeit, die ein Vogel braucht, wenn er ein seidenes Band im Schnabel hält und damit über den Gipfel des Mount Everest streicht, um den Berg bis zum Meeresspiegel abzutragen. Mach dir also nicht allzu viele Gedanken über die Vollendung deines Wettlaufs zur Erleuchtung, sondern erkenne lieber, daß es *jetzt* Zeit ist aufzubrechen.

Die Klärung des Denkens

Ein Geist ist nichts anderes als ein randvoll mit Gedanken gefülltes Behältnis. Vielleicht gelingt es dir manchmal, dich so auf eine Sache zu konzentrieren, daß keine ablenkenden Gedanken mehr auftauchen. Das wird jedoch in der Regel nicht lange währen. Schon bald wird sich ein Moment der Unruhe, des Zweifels, der Angst oder der Sehnsucht nach etwas einschleichen. So wankelmütig, wie die Gedanken nun einmal sind, wird dein Denken, wenn es nicht stark konzentriert ist – wenn du mit dem Auto fährst, ißt oder dich allein entspannst –, von einem Gedanken zum nächsten springen wie der sprichwörtliche betrunkene Affe, der sich ziellos von Ast zu Ast hangelt.

Die meiste Zeit ist die Aufmerksamkeit unserer Gedanken nach außen gerichtet, auf unsere Mitmenschen, auf unsere Umwelt. Unser Kopf ist voller Gedanken, die Pläne für die Zukunft schmieden oder die Vergangenheit analysieren. Wir fällen unablässig Urteile über alles mögliche, was in den Bereich unseres Denkvermögens gerät: Ich mag diesen Menschen, einen anderen hingegen überhaupt nicht; sie ist schön, der andere ein Blödmann. Einige dieser Gedanken können ein Leben lang anhalten. Manchmal werden wir jahrelang von denselben starken Wünschen und Sehnsüchten verfolgt, oder wir peinigen uns endlos mit denselben scheinbar unüberwindlichen Ängsten.

Wenn wir mit den Meditationen zur Klärung des Denkens beginnen, konzentrieren wir unsere Aufmerksamkeit einfach auf einen Gegenstand, sei es unser Atem, unsere Schritte, eine Kerzenflamme oder was auch immer. Während wir unsere Aufmerksamkeit auf den erwählten Gegenstand unserer Meditation konzentrieren, versuchen wir, nicht von denselben Gedanken abgelenkt zu werden, die uns normalerweise verfolgen. Sie werden sich jedoch unvermeidlich einschleichen, und das ist auch nicht schlimm. Selbst wenige Sekunden gedanklicher Klarheit können ungeheuer beruhigend sein.

Die Praxis, unsere Gedanken klarzuhalten, indem wir bewußt unsere Aufmerksamkeit konzentrieren, ist eine wunderbare

Übung in geistiger Kontrolle. Während sich die Gedanken klären, können wir zum nächsten Schritt übergehen, dem Beobachten des Denkens.

Die Beobachtung des Denkens

Wenn dir ein Gedanke in den Kopf kommt, fühlst du dich dann verpflichtet, ihm deine Aufmerksamkeit zu schenken? Möglicherweise kannst du einige Gedanken einfach übergehen? Andere, besonders Ängste und Wünsche, scheinen deine gesamte Aufmerksamkeit in Anspruch zu nehmen, obwohl du sie bewußt gern loswerden würdest. Oft scheint es, als hättest du keine Kontrolle über deine Gedanken, besonders wenn eine unangenehme Vorstellung oder ein unakzeptabler Wunsch immer wieder auftaucht, trotz deines bewußten Wunsches, ihn loszuwerden.

Nachdem wir die Übungen zur Klärung des Denkens durchgeführt haben, werden wir merken, daß es uns immer leichter fällt, unsere Gedanken zu beobachten, so, als wären sie Szenen auf einer Kinoleinwand. Unsere zunehmende Fähigkeit, die Aufmerksamkeit bewußt zu konzentrieren, wird zu einem mächtigen Werkzeug, wie ein Suchscheinwerfer, den wir in die dunklen Ekken unseres Geistes richten können. Das ist die Beobachtung des Denkens.

Wir werden lernen, mit unseren Gedanken umzugehen, indem wir sie bemerken, sie zählen und ihnen Namen geben. Schon bald werden wir anfangen, bekannte Gedankenmuster und -abläufe zu bemerken.

Anstatt nur auf den *Inhalt* eines bestimmten Gedankens zu achten, werden wir beginnen, den *Prozeß* zu sehen, durch den der Gedanke entsteht und wieder vergeht. Je besser wir den Prozeß im Lauf der Beobachtung verstehen lernen, desto besser lernen wir mit jedem Gedanken, der uns in den Kopf kommt, umzugehen. Wir werden denen unsere Aufmerksamkeit schenken, bei denen wir es wollen, und denen, die wir lieber nicht beachten wollen, freundlich unsere Aufmerksamkeit entziehen. Schließlich werden wir unsere Gedanken beherrschen und nicht von unseren Gedanken beherrscht werden.

Und unsere Gedanken werden uns beherrschen, wenn wir dies zulassen. Epiktet sagte bereits vor über zweitausend Jahren: «Der Mensch wird nicht so sehr durch die Dinge beunruhigt, die um ihn herum geschehen, sondern durch seine Gedanken über diese Dinge».

Niemand hat die Dinge, die in der Welt passieren, unter Kontrolle. Wir sind alle dem Virus, dem Verkehrsunfall, der Naturkatastrophe, dem Altern ausgeliefert. Aber wir können unsere Reaktion auf alles, was geschieht, unter Kontrolle haben, wenn wir lernen zu verstehen, wie unser Denken funktioniert.

Im Kino

Ich würde gern die Kino-Analogie noch ein wenig weiter treiben. Stell dir bitte einmal zwei verschiedene Arten vor, einen Film zu betrachten.

Wenn wir wollen, können wir unsere Aufmerksamkeit ganz auf die Leinwand konzentrieren und nur den Inhalt des Films sehen, der sich vor unseren Augen abspielt. Wenn wir ihn auf diese Weise betrachten, werden wir, sobald auf der Leinwand eine traurige Szene erscheint, traurig sein, und wenn etwas Schönes passiert, glücklich. Wenn die Filmemacher geschickte Propagandisten sind, wird es ein leichtes für sie sein zu manipulieren, was wir fühlen und glauben. Viele Amerikaner fühlten sich zum Beispiel durch den Film «Das Boot» verletzt, weil man durch den Film beinahe dazu gezwungen war, für die um ihr Überleben kämpfende Nazi-U-Boot-Besatzung Partei zu ergreifen.

Auf der anderen Seite können wir unsere Aufmerksamkeit bewußt weiter streuen und den gesamten Vorgang, «im Kino zu sein», im Auge haben. Dann werden wir uns nicht nur der Handlung auf der Leinwand bewußt sein, sondern auch der Tatsache, daß es ja nur ein Film ist. Während wir den Film sehen, werden wir uns der vielen anderen Aspekte der Situation bewußt sein. Ist das

Kino leer oder voll? Sind die anderen Kinobesucher von dem Film angeekelt oder gelangweilt? Welche Spezialeffekte oder Techniken wurden eingesetzt, um die Szene zu filmen, die sich gerade abspielt? Welche Gefühle erweckt eine bestimmte Szene oder ein bestimmter Darsteller in uns? Sind uns diese Gefühle angenehm oder unangenehm? Was verfolgen der Regisseur und der Produzent des Films für Absichten?

Auf unsere eigenen Gedanken können wir uns auf dieselben zwei Weisen beziehen. Die Art von Denken, die die meisten Menschen praktizieren, ist die inhaltsbezogene Art des Denkens. Wir lassen uns von jedem Gedanken, der uns in den Kopf kommt, gefangennehmen. Kommt ein ängstlicher Gedanke, werden wir ängstlich. Kommt uns ein Gedanke der Einsamkeit, fühlen wir uns einsam. Wenn einmal zwei widersprüchliche Gedanken gleichzeitig auftauchen, wie zum Beispiel die Lust auf eine Süßigkeit und die Sorge um die schlanke Linie, sind wir verwirrt. Wir sind so mit dem Inhalt der Gedanken beschäftigt, daß es den Anschein erweckt, daß wir letztlich nichts anderes sind als die Summe unserer Gedanken.

Auf das Denken schauen, statt darauf zu reagieren

Wenn wir lernen, auf die Abläufe unserer Gedanken zu schauen, unser Denken zu beobachten, dann erkennen wir, daß wir ebensowenig aus ihnen bestehen, wie wir aus einem Stein, einem Buch oder aus irgend etwas bestehen, was wir außerhalb von uns selbst sehen. Dann können wir beginnen, wie Stephen Levine sagt: «Selbst denken, nicht uns von unseren Gedanken lenken lassen».

Auf das Denken zu schauen heißt, geistig einen Schritt zurückzutreten und genau zu beobachten, was sich in deinen Gedanken abspielt, ohne dich von dem Inhalt eines bestimmten Gedankens gefangennehmen zu lassen. Es bedeutet, in der Lage zu sein, einen bestimmten Gedanken zu bemerken und zu sagen: «Aha, da ist ein ängstlicher Gedanke», ohne automatisch zu reagieren und ängstlich zu werden. Es bedeutet, in der Lage zu sein, einen lust-

vollen Gedanken zu bemerken und zu sagen: «Oh, da ist ein lustvoller Gedanke», ohne automatisch zu reagieren und vor Wollust und/oder Schuldgefühlen zu vergehen. Wenn wir lernen, wie wir uns auf unser Denken beziehen können, können wir frei entscheiden, wie wir auf jeden unserer Gedanken reagieren, anstatt unserer alten, automatischen Reaktion darauf zu unterliegen. Ich werde in dem Abschnitt über Ängste und Phobien noch näher darauf eingehen.

Während wir lernen, unser Denken zu beobachten, beginnen wir gewohnheitsmäßige Gedankenmuster oder Reaktionen zu erkennen, die typisch für uns sind. Einige Menschen bekommen immer dann ängstliche Gedanken, wenn sie sehr müde sind. Es gibt Menschen, denen verursacht der Anblick eines teuren Autos wütende Gedanken: «Reicher Dummkopf! Der hat so ein Auto überhaupt nicht verdient!» Ein anderer bekommt bei demselben Anblick neidische Gedanken: «Wenn ich Geld hätte, dann würde ich mir auch so ein Auto kaufen – und noch ein Segelboot dazu». Der Anblick von jemandem, dem es besser geht als einem selbst, kann zu Gedanken des Selbsthasses führen, die sich auf unterschiedlichste Weise ausdrücken können, von Hypochondrie bis Verzweiflung. Oder es resultieren neidische Gedanken. Der neidische Gedanke wiederum bringt einen schuldigen Gedanken hervor, und so setzt sich die Kette immer weiter fort.

Nies dich zur Erleuchtung

Ich habe immer geglaubt, daß ein Niesen etwas ist, das einfach so geschieht. Wenn ich nicht gerade eine Erkältung habe oder Pfeffer in der Nase, kommt ein Niesreiz gewöhnlich wie aus heiterem Himmel und ist kaum zu vermeiden. Gelegentlich verspüre ich ein Kribbeln in der Nase, das ein Niesen ankündigt, wobei ich in der Lage bin, das eigentliche «Hatschi» hinauszuzögern oder ganz zu vermeiden, falls ich in der Situation lieber nicht niesen will.

Nachdem ich einige Übungen mit verschiedenen Atem-Meditationen gesammelt habe, die in diesem Buch beschrieben sind, gelingt es mir des öfteren, den gesamten Vorgang des Niesens mit größerer Klarheit zu beobachten. Anstatt das Kribbeln erst einige Sekunden, bevor es zu einem stattlichen Niesen erblüht, wahrzunehmen, spüre ich nun zu Anfang einen ganz zarten Druck oder eine leichte Erwärmung in der Nase, lange bevor es heftig genug wird, um ein Schnupfen oder Naserümpfen zu bewirken. Dann konzentriere ich meine Aufmerksamkeit auf die Empfindung selbst, ohne sie als etwas Unangenehmes zu sehen und ohne darauf zu warten, ob ich nun niesen muß oder nicht. Es ist die pure sinnliche Wahrnehmung: Ist es heiß oder kalt? Gleichmäßig oder unregelmäßig? Wo genau ist es? Ganz hinten in der Nase oder eher Richtung Nasenspitze?

Erstaunlicherweise verschwindet der Niesreiz fast immer, wenn ich auf diese Weise damit umgehe. Das Kribbeln in der Nase löst sich in Nichts auf, und ich konzentriere mich wieder auf meine Atmung. Man kann mit den meisten Empfindungen und Gedanken auf genau dieselbe Weise umgehen. Wenn man sie genau beobachtet, gewinnt man dadurch viel Energie, um die Reaktionen auf sie zu kontrollieren.

Gewaltphantasien

Es gab Zeiten, in denen ich durch meine eigenen Gewaltphantasien beunruhigt war. Scheinbar ohne Grund (aber meistens nachts auf der Straße, besonders in der Stadt) ertappte ich mich dabei, wie ich Phantasien entwickelte, die einem Rambo hätten Konkurrenz machen können. Ich stellte mir vor, ich wäre ein starker, rauher, gefährlicher Bursche. Zu einem gewissen Grade machten mir diese Gedanken Spaß, aber sie jagten mir gleichzeitig etwas Angst ein und schienen der Situation gänzlich unangemessen.

Nachdem ich begonnen hatte, meinen Gedanken mehr Aufmerksamkeit zu schenken, konnte ich sehen, daß dieses Machodenken keineswegs unvermeidlich war und auch nicht völlig aus heiterem Himmel kam, sondern stets von einem flüchtigen Gefühl von Angst und Verletzlichkeit angekündigt wurde, genauso wie dem Niesen ein Kribbeln in der Nase vorangeht.

Ich bin jetzt in der Lage, diese Gedanken als die Versuche meiner Psyche zu erkennen, ängstliche, hilflose Gefühle zu verscheuchen. Mit diesem neuen Bewußtsein kann ich meine furchtsamen Gedanken nun, sobald sie auftauchen, besser erkennen, annehmen und dann durch echtes Mitgefühl besänftigen. Ich gehe auf direkte Art mit ihnen um und muß nicht mehr länger auf die alte Weise auf sie reagieren, indem ich versuche, sie durch Macho-Gedankenspielchen zu verdecken.

Gedanken außer Rand und Band

Es ist wichtig zu erkennen, daß jeder Mensch Gedanken in sich hat, die völlig außer Kontrolle sind. Das Denken deiner Mitmenschen ist genauso voll von ungezähmten, verworrenen Gedanken wie dein eigenes.

Stell dir vor, daß du der einzige Mensch auf der ganzen Welt bist, der jeden Tag aufs Klo gehen muß. Du bist dir durchaus bewußt, daß du ständig diesen «schmutzigen, unnatürlichen» Akt vollführen mußt, und kannst dir nicht vorstellen, daß alle anderen dies auch müssen. Einstein pinkeln? Robert Redford dringend mal müssen? Niemals!

Ebenso unangenehm, wenn auch weniger lächerlich, ist die Erkenntnis, daß du nicht der einzige Mensch bist, dessen Gedanken völlig außer Rand und Band sind. Nur wenige Menschen sind offen genug, um über die Ängste, Phobien und Phantasien zu sprechen, die ihnen im Kopf herumgeistern. Also ist dein eigener Geist der einzige, dessen schwindelnde Vielzahl seltsamer Gedanken du ohne weiteres wahrnehmen kannst. Zu wissen, wir sitzen mit unseren Gedanken alle im selben Boot, hilft mir jedoch, meine eigenen absurden Grübeleien etwas weniger persönlich zu nehmen.

Gedanken loslassen

Die Notwendigkeit, die eigenen Gedanken (besonders ständig wiederkehrende und von Selbsthaß erfüllte Grübeleien) weniger persönlich zu nehmen und sie, wenn sie so negativ daherkommen, so schnell wie möglich wieder loszulassen, wurde mir zum erstenmal richtig bewußt, als ich in der Haight Ashbury Free Clinic in San Francisco arbeitete. Ich hatte des öfteren die Aufgabe, Menschen, die auf einen schlechten LSD-Trip geraten waren, wieder «herunterzureden». Dabei merkte ich, daß die Mehrzahl dieser Horrortrips durch die Unfähigkeit der betreffenden Person verursacht wurde, einen beunruhigenden Gedanken loszulassen.

Ein häufiger Besucher der Klinik war John. Er kam häufig auf LSD zu uns und litt unter Halluzinationen. Beispielsweise stellte er sich vor, daß sich seine Großmutter, ein Messer zwischen den Zähnen, an seinem Bein festklammerte und nicht wieder losließ. Irgendwo hatte er das Bild aufgeschnappt, und es hatte ihn nicht wieder losgelassen. Also «sah» er seine Großmutter und dachte gleich darauf: «Oje, das ist ja ein verrückter Gedanke! Ich muß vollkommen verrückt sein, so etwas zu denken!… Ist sie denn immer noch da?» Eine halbe Stunde, und er war reif für die Haight Clinic, in meiner Sprechstunde.

Im Gegensatz dazu gab es die «Paisley Lady», eine obdachlose Frau, die nur selten in die Klinik kam, meistens nur, um Guten Tag zu sagen. Eines Tages erzählte sie mir ihre Methode, mit potentiellen Horrortrips umzugehen, bei denen sie Gefahr lief, dieselben verdrehten Gedanken immer und immer wieder zu haben. «Da ist zum Beispiel eine ganze Armee Mäuse, der ganze Fußboden voll. Sie kommen alle auf mich zu und tragen winzig kleine Uniformen. Vorneweg marschiert ein kleiner Mäusegeneral…», dann würde sie sagen: «Wow, das ist ein verrückter Gedanke», würde lachen und würde sich dem nächsten abgefahrenen Gedanken zuwenden. Oder sie würde sich auf die Muster konzentrieren, die die halluzinierten Mäuse auf dem Boden bilden, oder auf die Sonne auf dem Boden oder auf ihre eigenen Zehen. Sie hatte reichlich Erfahrung mit verrückten Gedanken und verstand sich ausgezeichnet darauf, sie von einem Moment zum nächsten gehenzulassen.

Leben im Jetzt

Gedanken in Form von Erinnerungen und Plänen sind nützlich oder zumindest notwendig, um in dieser wie in jeder anderen Kultur zu funktionieren. Dabei ist es jedoch wichtig, daran zu denken, daß wir, wenn wir unsere Aufmerksamkeit auf einen Gedanken aus der Vergangenheit oder der Zukunft konzentrieren, ihn in unsere Gegenwart bringen und damit die aktuelle Präsenz, das Jetzt, aus unserem Bewußtsein verdrängen.

Wenn wir daran denken, wieviel wir noch zu tun haben, während unser Chef mit uns spricht, oder was wir als nächstes sagen sollen, wenn wir mit einem Freund reden, dann können wir nicht gegenwärtig sein, um zuzuhören und spontan richtig zu reagieren. Wenn wir bereits damit beschäftigt sind, unseren nächsten Bissen auf die Gabel zu spießen, während wir noch am ersten Bissen kauen, oder während des Hauptgerichtes schon an den Nachtisch denken, dann sind wir nicht präsent, um unser Essen in der Gegenwart zu genießen.

Die meisten Menschen, die meditieren, finden heraus, daß sie bei weitem nicht soviel Zukunftsplanung und Vergangenheitsbewältigung nötig haben, wie sie ursprünglich dachten. Ein gesunder, gepflegter Körper kann sich schnell und natürlich auf die unmittelbaren physischen Erfordernisse jeder Situation einstellen, sei es durch Kampf oder Flucht, durch Tiefschlaf oder indem er hellwach und aufmerksam bleibt. Entsprechend reagiert ein Geist, der durch Meditation geklärt ist, gewöhnlich angemessen auf die mentalen Gegebenheiten des gegenwärtigen Augenblicks, worin auch immer die Umstände bestehen mögen.

Ich begann, das zu verstehen, als ich lernte, auf der Mundharmonika den Blues zu improvisieren. Wenn ich mich über den Ton, den ich gerade gespielt hatte, ärgerte, oder wenn ich schon Pläne für den nächsten Takt machte, behinderte das meine Fähigkeit, frei zu improvisieren. Ich mußte lernen, eine Note *loszulassen*, sobald ich sie gespielt hatte, ohne an die Noten zu denken, die noch vor mir lagen. Nur dann konnte meine Musik immer besser werden.

Die Gedanken-Plaudertasche

Oft sind wir so voller Gedanken, daß wir nicht einmal wissen, über was wir im Moment alles nachdenken. Viele Menschen leiden unter einem inneren Monolog, der ununterbrochen abläuft. Sie haben eine innere Stimme, die kritisch und beurteilend ist und anscheinend nichts lieber tut, als ungefragt ihren – normalerweise negativen – Kommentar abzuliefern. Diese Kommentare schleichen sich fast unbemerkt in unser Bewußtsein ein und haben – wie kleine Lecks in einem großen Schiff – eine allmählich sich steigernde Langzeitwirkung, die recht unangenehme Folgen haben kann.

Ich benutzte eine Zeitlang den Ohrwurm «I'm A Loser» von den Beatles als Mittel, um mich selbst zu schelten. Immer wenn ich etwas getan hatte, das nicht bis ins kleinste perfekt klappte, summte ich unterbewußt vor mich hin: «I'm a looo-oo-ooser...» und bekräftigte damit noch meine negativen Gefühle.

Sobald ich begonnen hatte, meine Gedanken mit Hilfe der Meditation zu klären und zu beobachten, wurde mir deutlich, was ich da eigentlich tat (zumindest gelegentlich), und ich konnte anfangen, diese selbstzerstörerische Angewohnheit abzulegen. Bevor ich angefangen hatte zu meditieren, sah ich nicht, wie das abläuft. Ich konnte mich nicht selbst «auf frischer Tat ertappen» und folglich auch nicht entsprechend auf mein Verhalten reagieren.

Seitdem ich nicht mehr diese verflixte Melodie im Kopf habe, fühle ich mich viel besser. Auch du wirst froh sein und positiver ins Leben schauen, wenn du beginnst, das unbewußte Plaudern deiner Gedanken abzustellen.

Vier Methoden,
um das Denken zu zähmen

Die folgenden vier Methoden und die dazugehörigen Übungen sind wirksame Werkzeuge, um Körper und Geist zu beruhigen und zu kontrollieren. Sie können separat angewendet werden oder auch in Verbindung mit einer Meditation, um ihr mehr Nachdruck zu verleihen.

Visualisierung

Visualisierung ist die Kunst, gedankliche Bilder zu erzeugen. Weil bildliche Vorstellungen eine große Wirkung auf Körper und Geist ausüben können, wie wir auf Seite 18 f. schon festgestellt haben, können wir diese Fertigkeit, wenn wir sie üben, zu unserem Vorteil einsetzen. Wenn wir in der Lage sind, deutlich zu visualisieren, hilft uns das bei allen Dreiminutenmeditationen, aber besonders bei der Entspannungsmeditation und bei der wichtigen Meisterschafts-Visualisierungsübung, der letzten Meditation im zweiten Teil.

Jeder kann sich einen Elefanten, einen Hasen oder einen VW-Käfer vor seinem inneren Auge vorstellen. Die meisten Menschen sind durchaus in der Lage, sich ein klares Bild der Straße, in der sie wohnen, zu machen und die Nachbarhäuser zu beschreiben. Von dem Erfinder Nicola Tesla sagt man, daß er sich eine neue Maschine so genau vorstellen konnte, daß er sie ein paar Stunden vor seinem inneren Auge laufen ließ, um zu «sehen», welche Teile am stärksten verschleißen würden.

Entspannung

Entspannung ist für den Körper, was Meditation für den Geist ist: Die Aufmerksamkeit wird nach innen gerichtet, während gleichzeitig die körperlichen Anspannungen, die normalerweise unseren Körper festhalten, losgelassen werden. Das Visualisieren hilft uns dabei, uns zu entspannen, und wenn wir entspannt sind, hilft uns das bei der Meditation.

Mitgefühl

Die wichtigste aller Meditationen besteht wahrscheinlich darin, allein mit sich zu sein, für sich Mitgefühl zu haben und sich zu verzeihen. Das mag einfach, vielleicht sogar zu einfach klingen, aber es funktioniert. Wenn wir kein Mitgefühl für uns selbst haben und uns selbst nicht verzeihen können, können wir es auch bei einem anderen nicht.

In unserer Hochleistungsgesellschaft legen wir oft einen strengen Maßstab an uns an und merken, daß wir nicht vollkommen sind. Wir sind nicht so gutaussehend wie einige Filmstars, nicht so reich wie Börsenspekulanten, nicht so intelligent wie die Wissenschaftler, die man uns im Fernsehen vorführt.

Wir beobachten, beurteilen, befehlen uns ständig gnadenlos – als wäre unser Verstand ein Abteilungsleiter, der ständig auf Optimierung seiner Abteilung aus ist und möglichst keinen Verlust machen will. Aber wenn das Mitgefühl unser Maßstab wird, wenn auch nur für einen Augenblick, dann lernen wir statt dessen, uns zu *erforschen*, wie ein Völkerkundler eine fremde Zivilisation studiert. Gesunde Neugier ersetzt unseren inneren Abscheu und unsere Ablehnung, die nichts anderes ist als der Versuch, Schmerzliches zu vermeiden, indem man sein Herz verschließt.

Wenn wir unseren Standpunkt der permanenten Selbstkritik verlassen, können wir uns auf die Suche nach dem, was wahr ist, begeben, selbst wenn das manchmal nicht besonders schmeichel-

haft ist. Dann können wir auch für unsere Ecken und Kanten Mitgefühl entwickeln. Es ist leicht, die eigene Schokoladenseite und die eigenen Stärken zu lieben, aber die weniger schmeichelhaften Aspekte unserer Persönlichkeit – unsere Ängste, unsere geheimen Gelüste, unsere Begriffsstutzigkeit – sind genau die Teile, für die wir am meisten Mitgefühl entwickeln müssen.

Die Kunst des Mitgefühls wird uns also bei diesen Meditationen, bei denen es sowohl auf ein gesundes Urteil als auch auf eine Erforschung der Wahrheit ankommt, helfen. Darüber hinaus kann uns ein mitfühlendes Bewußtsein davor bewahren, daß die Meditation zu einem weiteren Wettbewerb verkommt, mit dem wir uns das Leben schwermachen können.

Mitgefühl im Denken zeigen

Für mich zieht Frustration oft Ärger nach sich. Wenn es im Geschäft, in der Beziehung oder im Alltag einmal nicht so läuft, wie ich es gern hätte, dann fühle ich mich zuerst frustriert und anschließend durch meinen Mangel an Kontrolle über mein eigenes Leben bedroht. Fast schlagartig verwandelt sich das Gefühl der Frustration in Wut, während ich in Gedanken versuche, meine Unsicherheit und meine schmerzlichen Gefühle durch aggressivere zu verbergen. Wenn ich mich dann in meinem Handeln von diesen Gefühlen leiten lasse, schlage ich auf mich oder meine Mitmenschen ein, ohne überhaupt zu wissen warum.

Wenn es mir jedoch gelingt, meine anfängliche Frustration und meine furchtsamen Gefühle zu erkennen, sobald sie sich zeigen, kann ich ihnen mit Mitgefühl begegnen. Die Meditation «Ein Augenblick des Mitgefühls» (Seite 119 f.) konnte oft die Kettenreaktion Frustration / Angst / Ärger unterbrechen, und ich konnte meiner Frustration und meiner Angst direkt begegnen. Es ist nicht leicht, sich selbst mit seiner Unfähigkeit zu konfrontieren, Mitmenschen, Ereignisse und Dinge zu kontrollieren. Ich will mich jedoch lieber diesen Gefühlen und dem Schmerz, die sie mit sich bringen, stellen, als die weitaus größeren Schmerzen meines fehlgeleiteten Ärgers mit seinen gewalttätigen Angriffen auf mich selbst und andere erdulden zu müssen.

Selbst wenn ich wütend werde, gelingt es mir dennoch manchmal, daran zu denken, Mitgefühl mit mir selbst zu haben, sowohl wegen meines Schmerzes als auch dafür, daß ich wütend geworden bin. Jeder Mensch fühlt Ärger in sich und muß lernen, damit umzugehen. Mitgefühl für meinen Ärger zu haben ist langfristig weitaus heilsamer, als sich schuldig zu fühlen oder gar auf mich wütend zu sein, weil ich ärgerlich bin. Wenn ich mir selbst gegenüber Mitgefühl zeige, kann ich den Film meiner Gedanken anschauen und meine alte automatische Reaktion in Form von Schmerz, Ärger und Selbstverachtung hinter mir lassen.

«Weiß nicht»

Obwohl niemand jene Besserwisser leiden kann, die immer meinen, alles zu wissen, fällt es uns oft schwer zuzugeben, daß wir etwas nicht wissen. Normalerweise denken wir, daß wir, wenn wir die Antwort nicht wissen oder keine Ahnung haben, was eigentlich vor sich geht, auf dem schnellsten Wege versuchen sollten, es herauszufinden.

Dennoch kann mit dem Zustand des Nichtwissens eine gewisse Offenheit und Zufriedenheit verbunden sein. Es gibt Platz für alles in der Offenheit des «Weiß nicht», Raum für alle Möglichkeiten. «Weiß nicht» ist die zentrale Haltung des buddhistischen «Geist allen Anfangs», der jainistischen Doktrin der Möglichkeiten und des christlichen Gebotes: «Werdet wie die Kinder».

Wenn wir zum «Weiß nicht» noch unser Mitgefühl hinzufügen, *könnten* wir zu der bitteren Erkenntnis gelangen, daß wir in einer unvollkommenen und frustierenden Welt leben, in der wir uns niemals sicher fühlen können. So vieles, was in unserem Leben vor sich geht, ist vollkommen unvorhersehbar und unkontrollierbar. Wenn wir lernen, einen Sinn für «Weiß nicht» zu entwickeln und unsere Unsicherheit aushalten zu können, hilft das uns, die schmerzliche Wahrheit anzuerkennen und zu akzeptieren, daß wir oft unfähig sind, etwas an dem, was uns und unseren Angehörigen im Leben begegnet, ändern zu können. Wenn wir diese Tatsache einmal akzeptiert haben, brauchen wir unsere Energie nicht mehr dafür verschwenden, es zu negieren.

Ende des ersten Teils

Du verfügst nun über mehr theoretisches Wissen, als überhaupt nötig, um anzufangen zu meditieren. Es ist Zeit, einige der Übungen des zweiten Teils zu beginnen, besonders wenn du nicht bereits die Atem-Meditation von Seite 30 durchgeführt hast.

Zweiter Teil

Zu Beginn des zweiten Teils möchte ich einige Bemerkungen zum Thema «Gurus» machen. Anschließend werde ich den neuen, unkonventionellen Begriff «metaphysische Fitneß» erläutern und Methoden vorstellen, wie du dich mit Hilfe der Dreiminutenmeditation spirituell in Topform halten kannst. Anschließend werde ich die Dreiminutenmeditationen im einzelnen beschreiben, mit genauen Anleitungen für die Praxis.

Die Übungen sind in zwei Teile aufgeteilt, und ich werde zur Einleitung jeder Gruppe etwas über das «Warum» dieser Übungen sagen. Auch hier sind – für ganz eilige Leser – die wichtigsten Abschnitte fettgedruckt. Wenn du weitere Informationen über die ersten drei Gruppen «Klärung des Denkens», «Beobachten des Denkens» und «Zähmung des Denkens» brauchst, solltest du dich dem ersten Teil des Buches zuwenden, falls du das noch nicht getan hast. Die abschließende Bibliographie wird einige meiner Lieblingsbücher über diese und andere Kategorien der Meditation vorstellen.

Du solltest beim Lesen jedoch nicht vergessen, daß das Wichtigste ist, die Übungen zu *tun* und nicht nur über sie zu lesen. Als Schnelleinführung kannst du dich fürs erste auf die eingerahmten Abschnitte beschränken und ansonsten nur die Überschriften lesen. Nachdem du dann ein paar Tage oder Wochen mit den ersten Dreiminutenmeditationen verbracht hast, kannst du auch noch den Rest des Textes lesen.

Zwei Probleme mit Gurus

Es geht auch ohne Guru

Ich beginne den zweiten Teil dieses Buches mit einigen Bemerkungen zum Thema «Gurus», weil viele Menschen meinen, daß man unbedingt einen Guru braucht, um meditieren zu lernen oder zur Erleuchtung zu gelangen. Das ist das erste Problem mit Gurus.

Ein Guru ist eine Art Kreuzung zwischen einem Trainer und einem Priester oder Rabbiner. Seine Funktion besteht im wesentlichen darin, deine spirituelle Entwicklung zu begleiten. Natürlich kann dir auch der beste Trainer der Welt nicht helfen, wenn du den Sport, den du gewählt hast, nicht üben und trainieren willst. Der heiligste aller Priester kann dir nicht helfen, religiös zu werden, es sei denn, du trägst deinen Teil dazu bei.

Meditieren lernen ist eine «Hausaufgabe». Ein Guru kann vielleicht für einen Anfänger im Meditieren ein geeignetes Vorbild sein, aber letztlich muß der Schüler selbst die eigentliche Meditation für sich durchführen.

Ohne ein echtes Bedürfnis, sich mit der Meditation auseinanderzusetzen, wäre die Wahl eines Gurus ein reines spirituelles Statussymbol, eine Art, den Eindruck zu erwecken, als folge man einem spirituellen Weg, ohne den Preis schwerer mentaler Arbeit zu zahlen. Wenn ein Mensch tatsächlich das Bedürfnis hat, die Arbeit zu tun, dann wird er sehr wohl auf dem Weg der Meditation vorankommen, mit oder ohne die Hilfe eines Gurus.

Aus diesen Gründen glaube ich, daß es nicht schaden kann, das Meditieren ohne einen Guru zu beginnen. Wer erst einmal einige Stunden der Meditation gesammelt hat, ist viel besser vorbereitet, um sich einer bestimmten meditativen Tradition (oder einem Guru) seiner Wahl anzuschließen.

Möglicherweise kannst du dich – ebenso wie ich es getan habe – entschließen, die vielen hervorragenden Gurus und anderen Lehrer zu respektieren und dich an ihren Büchern, Vorträgen und Seminaren zu erfreuen, ohne dich einer bestimmten Gruppe anzuschließen und damit die anderen auszuschließen.

Übung macht den Meister

Das zweite Hauptproblem mit Gurus besteht darin, daß viele, die sich Guru nennen, auffällig weltlichen Gelüsten nachgehen. Sie schlafen mit ihren Anhängern, trinken Alkohol, beteiligen sich an Machtkämpfen oder sammeln teure Spielzeuge. Nun könnte man zwar zugute halten, daß einige Gurus womöglich durch ihr negatives Beispiel lehren (die alte Methode: «Tu, was der Meister sagt, nicht, was er tut»), aber ich glaube, daß es eine viel einfachere Erklärung für diese sehr öffentlichkeitswirksamen Entgleisungen im Verhalten von Gurus gibt.

Meine Theorie ist, daß wir zwischen dem lehrenden und dem praktizierenden Guru unterscheiden lernen müssen.

Nehmen wir zum Beispiel einen Arzt. Stell dir den besten lehrenden Mediziner vor, gebildet und außerordentlich beredt, wie er in einem riesigen Lesesaal vor einem Auditorium von überarbeiteten und völlig gestreßten Medizinstudenten steht. Ein solcher gebildeter Mediziner ist möglicherweise nicht in der Lage, die Platzwunde eines Unfallopfers auch nur annähernd so gut zu vernähen wie irgendein unterbezahlter Praktikant in einer geschäftigen Notfallstation in der Großstadt. Kurz und gut: Jemand, der im *Lehren* bewandert ist, braucht nicht unbedingt auch im *Tun* bewandert zu sein. Der Mediziner an der Uni ist ein lehrender Arzt, kein praktizierender.

In der Musik gilt ebenfalls, daß ein großer Lehrer nicht oft auch ein außerordentlicher Musiker ist und umgekehrt. Ich bin ein weltbekannter Mundharmonikalehrer, und mein Spiel kann bei jedem Konzert wunderbar klingen – jedoch nur eine halbe Stunde lang. Dagegen gibt es Hunderte Musiker, die mich in einer Jam-

Session, die die ganze Nacht durch geht, mühelos an die Wand spielen würden. Warum ist das so? Weil ich viel lehre und wenig spiele. Ich bin kein praktizierender Musiker…

Zum einen können wir also feststellen, daß es anderer Fähigkeiten bedarf, wenn man lehrt, als wenn man etwas tut. Gurus, die im Rampenlicht der Öffentlichkeit stehen, sind meist lehrende Gurus. Sie sind entweder extravagant, mysteriös oder exzentrisch. Obwohl sie oft ausgezeichneten Rat geben können, wie *du* zur Erleuchtung gelangen kannst, ist ihr eigenes persönliches Leben häufig nicht so vorbildlich, wie man sich das eigentlich wünschen würde.

Im Gegensatz dazu sind die meisten praktizierenden Gurus zurückgezogene, bescheidene Menschen, die sich mehr um die Tiefe ihrer eigenen Meditation sorgen als um ihren Beliebtheitsindex. Tatsächlich berichten alle, die einem Guru – wie Suzuki Roshi oder Sri Nisargadatta – begegnet sind, daß das Auffälligste an einem praktizierenden Guru seine Unauffälligkeit ist. Natürlich ist Unauffälligkeit nicht gerade sehr medienwirksam. Folglich gibt es zwar einige praktizierende Gurus, die auch lehren, aber sie sind oft nicht sehr bekannt.

Unser zweites, wichtigeres Thema hat mit der Praxis des Übens zu tun. Musiker üben, Sportler trainieren, Ärzte bilden sich fort. Ernsthafte Vollzeit-Lehrer haben jedoch selten Zeit für die Übungspraxis. Ebenso ergeht es lehrenden Gurus, und deshalb ist ihr Leben oft nicht das beste Beispiel für die segensreichen Wirkungen einer erfolgreichen Meditationspraxis.

Stell dir die Belastungen und Versuchungen vor, denen ein Guru im Westen ausgesetzt ist, besonders wenn er aus einer sexuell unterdrückten, materiell armseligen Kultur stammt. Kein Wunder, daß so viele von ihrer eigenen Meditationspraxis abgelenkt werden. (Allerdings erliegen viele westliche Gurus denselben Ablenkungen, ohne diese Entschuldigungen zu haben.) Wenn ein Guru einmal seine Meditationspraxis unterbrochen hat, ist er den üblichen menschlichen Begierden und Ängsten ausgesetzt, einschließlich der Verlockungen des Geldes und der Macht. Wir leben in einer Gesellschaft, deren Lieblingsbeschäftigung es ist, Helden und Heilige vom Thron zu stürzen, mit oder ohne gute

Gründe, und damit die Schlagzeilen der Gazetten und Nachrichten zu füllen.

Doch Spaß beiseite, dieser Abschnitt hatte nicht bloß die beliebte Kunst des Guru-Abschießens im Sinn – obwohl es erhebliches Vergnügen bereitet, diejenigen aufs Korn zu nehmen, denen es nicht gelingt, das, was sie lehren, auch zu leben. Im nächsten Kapitel wirst du sehen, daß die Praxis tatsächlich im Mittelpunkt der Meditation steht.

Metaphysische Fitneß

Oft sind wir versucht, in Kategorien zu denken, die mehr mit spezifischen, konkreten Dingen zu tun haben als mit Vorgängen und Veränderungen. Es wäre natürlich das bequemste, wenn die Erleuchtung ein Ding wie jedes andere wäre, das wir erwerben und dann für immer behalten können, wie eine Rudermaschine oder einen Doktorhut. Aber sie ist kein Ding. Sie ist ein ständiger Prozeß und erfordert ständige Übung. Mit der Erleuchtung ist es in dieser Beziehung nicht anders als mit körperlicher Fitneß, die man erwirbt und, um sie zu behalten, ständig pflegen muß.

Einmal in Form zu kommen ist gar nicht so schwer. Ein paar Wochen oder Monate Gewichtheben, kombiniert mit gesunder Ernährung, und du fühlst dich großartig. Dasselbe kannst du erreichen, wenn du ein paar Wochen jeden Tag ein paar Kilometer rennst, Fallschirmspringen übst oder eines der vielen Fitneßprogramme über dich ergehen läßt. Aber ein paar Monate Dolce vita, und schon sind wir wieder im Club der Schwergewichtigen. Natürlich sind selbst sporadische schüchterne Versuche, in Form zu kommen, besser als gar nichts, obwohl die Langzeitwirkung solcher halbherzigen Bemühungen kaum wahrnehmbar ist.

Der Vergleich der Meditation oder sogar der Erleuchtung mit der Vorstellung von Fitneß ist in vielfacher Hinsicht zutreffend. Ebenso wie bei körperlicher Fitneß gibt es auch bei der Meditation eine ganze Reihe verschiedener, gleichermaßen wirkungsvoller Arten, um in Form zu kommen. Genau wie jeder Mensch sich körperlich betätigen kann, kann auch jeder meditieren, obwohl es für einige leichter oder natürlicher scheint als für andere. (Anscheinend gehören wir leider meistens zu letzterer Gruppe.)

Wenn ein Mensch erst einmal gut in Form ist, dann spiegelt alles, was er tut, seine Fitneß nicht nur wider, sondern es verbessert sie noch. Er hat einen schwingenden, ausgewogenen Gang

und nimmt lieber die Treppe als den Fahrstuhl. Wenn ein Mensch begonnen hat zu meditieren, ist alles, was ihm passiert, eine großartige Gelegenheit, seine meditativen Fähigkeiten nicht nur unter Beweis zu stellen, sondern noch zu vergrößern. Ängste und Sehnsüchte, Ärger und Enttäuschung, alles wird zu Öl auf die Mühlen der Meditation.

Leider entgehen uns wie bei der körperlichen Fitneß sehr schnell die positiven Auswirkungen, sobald wir aufhören zu meditieren. Genau das passiert, wie wir im vorangegangenen Kapitel gesehen haben, vielen berühmten lehrenden Gurus.

Wie bei der körperlichen Ertüchtigung müssen wir auch bei der Meditation irgendwo anfangen. Sehr alte oder gebrechliche Menschen fangen ihr Übungsprogramm natürlich nicht mit einem Marathonlauf an, sondern gehen erst einmal täglich um ihren Häuserblock. Ein bescheidener Anfang, aber sicherlich ein Schritt in die richtige Richtung.

Jemand, für den Meditation etwas völlig Neues ist, oder jemand, dem die Zeit und der Elan fehlen, um in die Praxis der Meditation einzusteigen, würde sicherlich kein One-Way-Ticket nach Indien kaufen. Zwanzig Minuten täglich zu Hause können für ihn am Anfang schon zuviel sein. Aber einige der folgenden Dreiminutenmeditationen könnten genau die richtige Dosis bilden.

Geistiger Kampfsport

Jede Dreiminutenmeditation ist eine geistige Übung. Wie körperliche Übungen sollten auch diese zuerst unter kontrollierten Bedingungen geübt werden, um sie schließlich auch in alltäglichen Situationen nutzen zu können.

Der Karateschüler macht seine Übungen in der «Dojo» oder Karateschule. Er übt zuerst eine Reihe von Schlägen und Tritten, wobei er jeden einzelnen Schritt für sich sorgfältig einübt und jede Bewegung Zehntausende Male wiederholt. Nachdem er alle Bewegungen für sich gemeistert hat, beginnt er kompliziertere Bewegungsabläufe zu üben, wobei er jede Sequenz wiederum

Hunderte oder Tausende Male wiederholt. Anschließend trainiert er mit anderen Schülern oder Lehrern. Schließlich, wenn er einmal gezwungen ist, seine Fähigkeiten auf der Straße in einer echten Kampfsituation einzusetzen, ist er durch seine Übung perfekt vorbereitet.

Ebenso müssen Wildwasser-Kajakfahrer eine Technik einüben, die sie die «Eskimorolle» nennen. Diese Rolle erlaubt ihnen, ihr Kajak wieder aufzurichten, nachdem es in einer Stromschnelle gekentert ist. Zuerst erlernen sie die Technik in einem Schwimmbecken. Wenn sie sich sicher fühlen, in dem Becken die Rolle zu machen, gehen sie ins Freie, kippen absichtlich ihr Boot in einer sehr kleinen Stromschnelle um und versuchen die Rolle zu machen. Allmählich steigern sie sich in immer größere und gefährlichere Stromschnellen, bis sie schließlich überall im Fluß die Rolle machen können.

Du beginnst mit einer einfachen Art der Dreiminutenmeditation, der «Klärung des Denkens». Als erstes übst du sie in einer ruhigen Umgebung, wobei du jeder Übung mindestens drei Minuten widmest. Nachdem du gelernt hast, einige Momente geistiger Klarheit zu erlangen, wirst du eine weitere Art von Meditation hinzufügen, die «Beobachtung des Denkens». Auch hier solltest du zuerst unter relativ komfortablen Bedingungen anfangen, damit du die Übung später unter schwierigen Bedingungen mit Leichtigkeit und Geschick durchführen kannst.

Sobald du dich mit den Übungen zur Beobachtung der Gedanken vertraut gemacht hast, kannst du dein neues Wissen im «wirklichen Leben» einsetzen, um deine Gedanken besser zu kontrollieren. Auch hier fängst du am besten in leichten, nicht bedrohlichen Situationen an. Anstatt ungeduldig oder ärgerlich zu werden, beobachtest du einfach deine Gedanken, wenn das Omelett leicht angebrannt ist oder wenn der Aufzug bei deinem Stockwerk nicht anhalten will. Diese Übung wird sowohl die Qualität deines Lebens verbessern als auch die deiner Meditation.

Je mehr Übung und Selbstvertrauen du gewinnst, desto eher bist du in der Lage, deine meditativen Fähigkeiten auch auf schwierige geistige und zwischenmenschliche Situationen anzu-

wenden. Wenn du auf alles gelassen und zuversichtlich eingehst, was sich dir im Leben entgegenstellt, dann kann man davon ausgehen, daß du dein Leben gemeistert hast.

Mehr über Meditation

Wir haben bereits festgestellt, daß Meditation die Kunst der mentalen Selbstkontrolle ist. Meditation ist nichts Okkultes, nichts Esoterisches, nichts, was außerhalb des normalen täglichen Lebens liegt.

Wahrscheinlich meditierst du ja bereits manchmal auf deine persönliche Weise, ohne es so zu nennen. Immer wenn du deine Aufmerksamkeit so stark auf etwas konzentrierst, daß keine anderen Gedanken Platz finden, ist das eine Form von «Klärung des Denkens». Wenn du betrachtest, wie am Strand die Wellen brechen, oder wenn du in die Flammen eines Lagerfeuers schaust, kann das durchaus eine Art Meditation sein. Für einige ist das Drachenfliegen eine Meditation, für andere das Mundharmonikaspielen. Alles, was dein gesamtes Bewußtsein auf einen einzigen Gegenstand konzentriert, wodurch das übliche Geplapper der Gedanken zu einem Stillstand kommt, ist Meditation. Keine Angst, keine Wünsche, keine Gedanken an die Zukunft, kein «könnte, hätte, sollte»-Denken über Vergangenes.

Für die meisten Menschen, die nicht meditieren, treten solche Erfahrungen ausschließlich spontan und ungeplant auf. Wenn es passiert, passiert es. Meditierende jedoch können diese Meditationen bewußt herbeiführen, denn sie erkennen den Wert einer Klärung, Konzentration und Kontrolle der Gedanken. Einige dieser Methoden mögen anfangs etwas seltsam erscheinen, aber man wird sich daran gewöhnen.

Du wirst Meditationen praktizieren, bei denen du nichts anderes tust als das, was du ohnehin bereits tust. Nur deine innere Einstellung wird sich verändern, während du bewußt versuchst, deine Aufmerksamkeit auf das zu richten, was gerade geschieht, sei es das Zähneputzen oder das Geschirrspülen. Anstatt bei der

Arbeit bereits Pläne für später zu machen oder sich zu wünschen, daß die Soße nicht angebrannt wäre, wirst du einfach bürsten oder waschen und alles, was du tust, zu einer Meditation machen – einfach indem du dich ausschließlich darauf konzentrierst. Keine Zukunftspläne, keine Erinnerungen – nur Schrubben, Spülen. Diese bewußte Konzentration der Aufmerksamkeit wird gelegentlich auch «Achtsamkeit» genannt. Die Achtsamkeit ist das mächtigste Werkzeug, das wir besitzen, ein geistiger Scheinwerfer, mit dem wir jede Handlung und jeden Gedanken beleuchten können.

Alles, was mit Konzentration, Bewußtsein oder Achtsamkeit getan wird, ist eine Meditation und wird uns ein Stück der Erleuchtung näherbringen, ganz gleich, wie banal es scheint (Geschirrspül-Erleuchtung? Zahnputz-Erleuchtung?). Wenn wir gelernt haben zu meditieren, achtsam zu sein, kann jede Handlung und jeder Gedanke momentan zum Brennpunkt einer Meditation werden.

Was ist eine Dreiminutenmeditation?

Jede Dreiminutenmeditation ist eine spezifische Übung, die uns helfen kann, mentale Selbstkontrolle zu erlangen. Jede dieser Meditationen kann uns helfen, unsere mentale Aufmerksamkeit zu konzentrieren und achtsam zu werden.

Die Spezialität der Meditation in drei Minuten ist – wie der Name schon sagt – die Tatsache, daß sie im Gegensatz zu den meisten anderen Meditationen keine zusätzliche Zeit erfordert, die man täglich ausschließlich der Meditation widmen muß. Einige Meditationsarten machen es erforderlich, daß man einen speziellen Schrein oder Altar errichtet und die Meditation ausschließlich dort durchführt. Die extremsten Meditationsprogramme funktionieren nur, wenn man sich in ein Kloster zurückzieht, fernab von den Ablenkungen dieser Welt.

Die Beschränkung der Meditation auf bestimmte Orte und Zeiten hat jedoch zwei negative Folgen. Erstens kann es schwierig sein, sich immer an die Voraussetzungen zu halten, besonders für den Anfänger, der die positiven Wirkungen einer täglichen Meditationspraxis noch nicht verspürt hat und sich daher noch nicht darauf festlegen will. Zweitens trennt ein Meditationsprogramm, das auf spezifische Zeiten und Plätze festgelegt ist, die Meditation vom «gewöhnlichen» Leben. Die Praxis der Dreiminutenmeditation vermeidet beide Probleme. Wenn du jedoch erst einmal begonnen hast zu meditieren, hast du natürlich die Freiheit, jede beliebige andere Meditationspraxis zu erkunden und zu verfolgen, die dir zusagt.

Es ist offensichtlich leichter, die Zeit zu finden, mehrere kurze Meditationen im Laufe des Tages zu machen, als ein- oder zweimal dreißig Minuten täglich dafür frei zu machen. Viele der Dreiminutenmeditationen können beim Gehen, beim Essen oder sogar bei einer kurzen Pause an der roten Ampel praktiziert werden.

Andere können sogar bei einem kurzen Aufsuchen des Stillen Örtchens abgehalten werden.

Sobald du dich einmal mit der Dreiminutenmeditation angefreundet hast, wirst du merken, daß die vielen Kurzmeditationen, die du im Laufe des Tages praktizieren kannst, erstaunlich wirksam sind, dich beruhigen und deine Mitte finden lassen – selbst wenn es manchmal nur einige Sekunden sind. Du wirst auch feststellen, daß du gern länger meditieren würdest, zehn, zwanzig Minuten oder noch länger. Ich selbst meditiere gern einmal täglich, meistens morgens, etwas länger.

Gemeinsam mit vielen anderen Menschen habe ich festgestellt, daß eine Integration der Meditationspraxis in den Tagesablauf uns hilft, die Fähigkeit der Meditation im Alltag einzusetzen. Im Idealfall wird die Meditation ein Lebensstil, eine Art, sich auf die Welt zu beziehen, und nicht etwas, das man jeden Tag ein wenig tut.

Vor kurzem nahm ich an einem zehntägigen Seminar in einem buddhistischen Kloster teil. Während der gesamten Zeit wurde nicht gesprochen, kein Augenkontakt aufgenommen, nicht gelesen und nicht geschrieben. An die sechzehn Stunden täglich wurde abwechselnd Geh-Meditation und Atem-Meditation praktiziert, nur unterbrochen von Mahlzeiten, bei denen dringend empfohlen wurde, eine Eß-Meditation zu halten. Es war großartig, und ich fühlte mich sehr klar und erhoben. Aber als es vorüber war, mußte ich wieder nach Hause gehen.

Lange Seminare, auch sogenannte Retreats und esoterische Disziplinen können sehr wertvoll sein. In fast jeder Kultur gibt es klösterliche Traditionen. Aber früher oder später muß jeder wieder in seine vertraute Umgebung – es sei denn, man ist Nonne oder Mönch. Man muß seine Erfahrung auf den Alltag anwenden. Bei der Dreiminutenmeditation bist du bereits zu Hause.

Frage: Was ist der Unterschied zwischen einem Mönch und einem Dreiminutenmeditierenden? Antwort: Mönche leben, um besser zu meditieren, und Dreiminutenmeditierende meditieren, um besser zu leben.

Gebrauchsanweisung für die Übungen

Letztlich läuft alles auf eines hinaus: Es kommt darauf an, daß du es tust. Selbst wenn du jeden metaphysischen Begriff in diesem oder irgendeinem anderen Buch auswendig lernst, nützt dir das weniger, als wenn du drei Minuten konzentriert mit einer der nachfolgenden Übungen verbringst.

Obwohl viele Anfänger mit den leichtesten Übungen beginnen wollen (die ersten fünf Übungen zur Klärung des Denkens), sollte man nicht vergessen, daß sich viele Übungen in den verschiedenen Gruppen überschneiden. Zum Beispiel wird dir die Meditation zur «Klärung des Denkens» bei der «Beobachtung des Denkens» sowie beim «Leben im Jetzt» helfen. Die Beobachtung des Denkens ist ein wesentlicher Bestandteil der Übungen «Urteilen» und «Mitgefühl», und die Übung «Grenzen erweitern» ist im Grunde Bestandteil jeder Übung. Da alle Übungen miteinander zusammenhängen, wirst du, sobald du eine durchführst, tatsächlich mehrere gleichzeitig tun. Daher ist es auch gut, sie *alle* auszuprobieren, denn nur so kannst du herausfinden, auf welche du dich am meisten konzentrieren möchtest. Für einige Menschen wird es wie eine überwältigende Aufgabe erscheinen, sämtliche Übungen durcharbeiten zu wollen und sie gleich beim erstenmal richtig zu machen.

Ich werde nun die beiden Strategien vorstellen, nach denen du festlegen kannst, in welcher Reihenfolge du dir die Übungen vornimmst. Ich werde beide Strategien beschreiben, und du kannst entscheiden, welche für dich am besten paßt, und dann beginnen, von den Übungen Gebrauch zu machen.

Für welche Strategie du dich immer entscheiden magst, du solltest auf jeden Fall die Übung «Meisterschaft» (Seite 144) nicht nur lesen, sondern auch einüben. Diese Übung wird dir bei allen anderen Übungen helfen.

Die ersten Schritte

Du kannst den Anfang machen, indem du von den zwei leichtesten Meditationen zur Klärung des Denkens Gebrauch machst, der Atemzählübung oder der Übung Atmen und Gehen. Diese sind nicht schwer, weil sie sofort «gebrauchsfertig» sind, beinahe mechanisch. Wenn du den einfachen Anweisungen folgst, kannst du überhaupt nichts falsch machen. Diese Übungen sind das A und O jedes Meditierenden. Ich mache sie immer wieder gern – mehrmals täglich. Du kannst diese Übungen so lange machen, wie du willst. *Wenn du nichts anderes tust als täglich diese beiden Übungen, wird allein das schon dazu führen, daß du aus deiner Meditationspraxis viel Ruhe und Energie gewinnst.*

Um gute Ergebnisse zu erzielen, mußt du überhaupt nichts Großartiges tun. Die folgende Geschichte soll das illustrieren.

Ein katholischer Bischof soll einmal drei alte Mönche auf einer Insel besucht haben. Er hatte gehört, daß sie sehr fromm, aber auch sehr primitiv waren, und wollte ihnen die richtige Art zu beten beibringen. Als er ankam, fand er zu seinem schieren Entsetzen heraus, daß ihr einziges Gebet oder ihre einzige Meditation darin bestand, entsprechend der katholischen Lehre von der Dreifaltigkeit Gottes, ständig zu wiederholen: «Gott ist drei, und wir sind drei.»

Der Bischof verbrachte Tage damit, die alten Männer zu lehren, wie sie richtig zu beten hatten, indem er ihnen lange lateinische Gebete und Anrufungen vorbetete. Anschließend zog er mit seinem Troß wieder von dannen, offensichtlich zufrieden mit der Arbeit, die sie so gut verrichtet hatten. Aber als sie kaum ein paar Meilen mit ihrem Schiff von der Küste entfernt waren, bemerkten sie eine seltsame nebelhafte Erscheinung, die sie überholte. Es stellte sich heraus, daß es die drei Mönche waren, die über die Wasseroberfläche liefen, um das Schiff einzuholen.

«Eure Exzellenz», keuchten sie, als sie in Rufweite des Schiffes kamen. «Wir haben unsere neuen Gebete vergessen!»

Der Bischof war vor Ehrfurcht vor den drei einfältigen Heiligen erstarrt und bat sie, ihre früheren einfachen und wirkungsvollen Gebete wieder aufzunehmen…

Ein breites Spektrum

**Wenn du magst, kannst du einige Minuten mit der Atemzähl-
übung und der Übung «Atmen und Gehen» verbringen, möglicherweise dann mit dem «Chanten», «Langsames Gehen» und
der Meditation «Flamme» weitermachen und anschließend alle
anderen kurz überfliegen und diejenigen für dich heraussuchen,
die dich am meisten anziehen. Finde eine, die du magst, und praktiziere sie mehrmals täglich, oder wechsle zwischen verschiedenen Übungen, die dich interessieren.**

Der Psychologe und Philosoph Ram Dass (Dr. Richard Alpert)
sagte kürzlich im Fernsehen, daß er täglich zwischen fünfzig und
hundert verschiedener Meditationsmethoden praktiziert. Er ist
ein beispielhafter Praktiker der Dreiminutenmeditation, selbst
wenn er diesen Begriff nicht gebraucht.

Progressive Meditation:
Was ist leicht und was schwer?

Du bist der einzige Mensch, der wirklich sagen kann, was dir
leicht- oder schwerfällt. Im allgemeinen habe ich versucht, die
Übungen nach Schwierigkeitsgraden anzuordnen, die sich aus
meinen Erfahrungen mit Meditierenden und Lehrern herauskri-
stallisiert haben. Alle sagen zwar, daß die ersten fünf Übungen die
einfachsten sind, aber bei den restlichen gab es erhebliche Diffe-
renzen. Also mußt du selbst herausfinden, was dir leichtfällt und
was nicht.

Es gibt in der Reihenfolge der Übungen eine gewisse Progres-
sion. Wir beginnen, indem wir uns auf den Suchscheinwerfer unserer Aufmerksamkeit konzentrieren und *natürliche Abläufe* wie
Atmen oder Gehen zählen. Dann fahren wir fort, unsere Aufmerksamkeit auf die *körperlichen Empfindungen* zu konzentrieren, die
mit dem Gehen, Atmen oder anderen Tätigkeiten verbunden sind.
Anschließend schenken wir unsere Aufmerksamkeit den *Gedan-*

ken, wie sie uns durch den Kopf gehen, geben ihnen Namen, zählen sie oder ordnen sie ein. Schließlich werden wir unsere Aufmerksamkeit direkt auf *Emotionen oder Ideen* wie «Mitgefühl», «Freiheit», «Vergänglichkeit» oder das schwer zu fassende «Ich bin» konzentrieren.

Was tun, wenn es weh tut

Manchmal, wenn wir tief in uns hineinschauen, können alte oder verborgene Schmerzen wieder hervorkommen. Manchen Menschen passiert es nie, aber wenn es dir trotzdem einmal so geht, dann solltest du unbedingt dieses Kapitel gründlich lesen.

Wenn du dich bereits in ärztlicher oder psychotherapeutischer Behandlung befindest, solltest du unbedingt mit deinem Therapeuten über dieses Buch sprechen, bevor du von den Übungen Gebrauch machst. Nebenbei gesagt, bilden Psychotherapie und Meditation eine besonders effektive Kombination. Während du fortfährst zu meditieren, werden Dinge aus deinem Unterbewußtsein sichtbar, und du kannst mit ihnen umgehen.

Solltest du im Augenblick unter großen psychischen Schmerzen leiden, empfiehlt es sich, erst das ganze Buch sorgfältig durchzulesen, bevor du dich an die Übungen machst. Wenn du mit dem Lesen fertig bist, solltest du mit den Übungen zum Mitgefühl beginnen. Diese Übungen sind wahrscheinlich die wirkungsvollsten Übungen in diesem Buch, um mit wie auch immer gearteten Schmerzen umzugehen.

Es gibt grundsätzlich zwei verschiedene Arten von seelischen Schmerzen. Es gibt solche, die auftreten, wenn wir nicht meditieren oder bevor wir gelernt haben zu meditieren, verursacht durch unsere Gedanken, Ängste und Wünsche. Dieser Art Schmerzen sind viele von uns andauernd ausgesetzt. Da viele Menschen, die nicht meditieren, wenig Kontrolle über ihre Gedanken haben, können sie mit diesen Schmerzen auch schlecht fertigwerden. Möglicherweise nehmen sie ab, wenn es gelingt, die Lebensumstände zu verändern. Dies ist jedoch wenig wahrscheinlich. Statt dessen wird lediglich der Schmerz die neuen Umstände verändern.

Die Art von Schmerzen, die während der Meditation auftreten, sind jedoch anders, obwohl sie sich an der Oberfläche ähnlich anfühlen können. Der Sinn dieser Schmerzen liegt jedoch darin, weiteres Leid zu vermeiden. Wenn also während der Meditation schmerzhafte Gefühle auftreten, solltest du versuchen daran zu denken, daß temporäres Leid dir helfen wird, dauerhaftes Leid zu beenden, ebenso wie der Schmerz eines Zahnes beendet werden kann, indem der Zahn gezogen wird.

Solange wir daran denken, die Übungen zur Beobachtung unseres Denkens zu nutzen, um unseren Schmerz zu beobachten, statt uns in den Inhalten der schmerzhaften Gedanken zu verlieren, können wir diesen temporären Schmerz nutzen, um den dauernden Schmerz zu vermindern. Ich weiß aus eigener Erfahrung, daß dies nicht immer leicht zu glauben ist, besonders wenn man sich gerade in einem schmerzhaften Zustand befindet. Die Übung für das Mitgefühl kann hier besonders hilfreich sein, um den Schmerz zu lindern. Das ist meine persönliche Methode, mit Schmerzen umzugehen – vorausgesetzt, ich habe meine Gedanken soweit zusammen, daß ich daran denke.

Wenn wir etwas über uns selbst in Erfahrung bringen, sehen wir gelegentlich Elemente unserer Persönlichkeit, die wir lieber nicht wahrhaben würden. Wenn dir so etwas geschieht (mir selbst ist es oft so gegangen), solltest du den Abschnitt über Mitgefühl am Ende des ersten Teils (Seite 57) lesen und dann unmittelbar mit den Übungen zum Mitgefühl (Seite 116 ff.) übergehen.

Die Übungen

Zur Beachtung

Im Grunde gibt es beim Durchführen der Übungen nur drei Dinge zu beachten.

Das erste ist, daß du nie vergessen solltest, daß du meditierst und daß deine Aufmerksamkeit auf den Gegenstand deiner Meditation gerichtet sein sollte, sei es dein Atem, deine Schritte, deine Füße, ein Klang oder eine Kerze. Immer wenn ein anderer Gedanke auftaucht, solltest du, sobald du merkst, daß du dich nicht mehr auf die Meditation konzentrierst, deine Aufmerksamkeit wieder zurück auf die Meditation lenken.

Das zweite ist, daß du Mitgefühl zeigen solltest. Wenn du deine Zeit damit verbringst, dich dafür zu schelten, daß du dich nicht richtig auf die Meditation konzentrierst (weil du im Moment gerade ans Essen, an die Arbeit oder an Sex denkst), nimmst du dafür die Zeit in Anspruch, die du eigentlich meditieren könntest. Es ist nicht nötig, selbstkritisch zu sein – begib dich einfach zurück zur Meditation.

Das dritte (was dir beim zweiten behilflich sein kann) ist zu erkennen, daß die Gedanken, die dich von der Meditation ablenken, dir in Wirklichkeit helfen. Sie geben dir die Gelegenheit festzustellen, daß du dich nicht mehr länger auf die Meditation konzentrierst, was dir einen Anhaltspunkt dafür gibt, wann du deine Aufmerksamkeit wieder zurücklenken kannst.

Stell dir vor, du hast einen kleinen Hund und willst ihn abrichten, daß er sein Geschäft nur auf eine Zeitung macht, die du ihm in seine Ecke gelegt hast. Erst läuft er ständig weg. Du nimmst ihn sanft und geduldig immer wieder am Schlafittchen und bringst ihn zurück. Er aber tapst wieder weg. Es ist die stetige Wiederholung des Vorganges, ihn wieder auf die Zeitung zu setzen, was ihn

schließlich dazu bringt, es so zu machen, wie du willst. Du wirst ihn nicht bestrafen, wenn er einmal wieder von der Zeitung heruntergeht, und wirst auch nicht angewidert aufgeben. Entsprechend ist es der Vorgang, festzustellen, daß dein Geist abgeschweift ist, und die Rückkehr der Aufmerksamkeit auf die Meditation, die uns hilft, unsere Gedanken zu konzentrieren.

Ein Beispiel

Als ich zu meditieren begann, wurde ich von meinen abschweifenden Gedanken regelrecht geplagt. Ich versuchte, mich auf meine Atmung zu konzentrieren, aber eine typische Meditationssitzung verlief etwa folgendermaßen: «Einatmen, Ausatmen... wie toll, ich meditiere... oh, ich sollte ja eigentlich nicht über das Meditieren nachdenken, sondern mich auf die Atmung konzentrieren... Ein, Aus... Hunger... oh, Mist, ich schaffe das nicht, ich bin ein schlechter Meditierer... Ein, Aus, Ein, Aus, Ein, Aus... Toll, jetzt hab ich's... Stolz... oh, ich konzentriere mich lieber wieder aufs Atmen... Ein, Aus, Ein, Aus... ich bin gespannt, was es zu Mittag gibt... Mist... Ein, Aus, Ein, Aus... ist es jetzt bald Zeit, wieder aufzuhören? und so weiter». Manchmal verlor ich mich in irgendeinem Tagtraum, und die Ablenkungsperioden dauerten einige Minuten lang, länger als ich mich jemals auf meinen Atem konzentrieren konnte.

Selbst jetzt, nachdem ich bereits reichlich Erfahrungen sammeln konnte, gibt es noch immer viele Meditationssitzungen, die so ablaufen. Aber oft gelingt es mir, schnell festzustellen, daß ein Gedanke sich eingeschlichen hat, und ich kann mich sofort wieder auf das konzentrieren, was ich eigentlich vorhatte: die Meditation.

Nicht Nachlassen

Es ist wichtig, in deiner Aufmerksamkeit bei der Meditation nicht
nachzulassen. Das bedeutet, daß du, sobald du bemerkst, daß
deine Aufmerksamkeit von der Meditation abweicht, sie sanft,
aber bestimmt wieder zurückbringst. Verbringe *nicht* noch eine
oder zwei Sekunden mit deinem Tagtraum, ganz gleich, wie aufregend er auch sein mag. (Denk nicht: «Warte mal, das ist aber jetzt
ein wirklich wichtiger Gedanke, ich sollte ihn lieber zu Ende denken und dann weitermeditieren...») Vergeude keine Sekunde mit
selbstkritischen Gedanken wie: «Verflixt, ich denke ja schon wieder!». Laß alle Gedanken, die dir in den Sinn kommen, einfach
laufen und komm zurück zur Meditation. Nur für drei Minuten
sollst du die Meditation allen anderen Gedanken vorziehen. Alles
andere kann warten.

Es ist ein wenig, als würdest du dir angewöhnen, einen Sicherheitsgurt zu tragen. Sobald du merkst, daß du nicht angeschnallt
bist, legst du ihn an, jedesmal, selbst wenn du nur um drei Ecken
fahren mußt. Schon bald wird es zur Gewohnheit (die dir, nebenbei gesagt, das Leben retten kann).

Körper- und Handhaltung

Zum Glück verlange ich von niemandem, sich zur Meditation in
den Lotossitz zu quälen (Ich kann selbst keinen, ohne anschlie
ßend meinen Chiropraktiker aufzusuchen). Ich glaube, daß die beste Meditationshaltung (mit Ausnahme der Geh-Meditationen)
ein aufrechtes Sitzen ist. Nicht steif wie ein Besenstiel, aber auch
nicht völlig schlaff, die Füße fest auf dem Boden. Auf der anderen
Seite möchtest du wahrscheinlich auch manchmal im Liegen meditieren, im Bus, im Bad oder wenn du nach irgend etwas anstehst.
Mach dir also nicht allzu viele Gedanken über die Körperhaltung.
Setz dich gerade hin, wenn es bequem ist, und sieh, ob es einen
Unterschied in deiner Konzentration ausmacht.

Für viele Menschen ist es jedoch nützlich, wenn sie eine bestimmte gleichbleibende Haltung während des Großteils ihrer Meditationen beibehalten. Ich bevorzuge es, wenn sich die Daumen- und Mittelfingerspitzen meiner Hände leicht berühren und die anderen Finger entweder gekrümmt oder gestreckt sind.

Wenn man lernt, eine meditationstypische Handhaltung beizubehalten, kann das als Eselsbrücke oder auch als Auslöser für die Meditation dienen. Sobald man sich an das Meditieren gewöhnt hat und beginnt, die Handhaltung mit dem Meditieren in Verbindung zu bringen, kann das einfache Einnehmen der Handhaltung schon dabei helfen, in einen meditativen Zustand zu kommen.

Das kann besonders in streßvollen Situationen, wie etwa während eines Vorstellungsgespräches, nützlich sein, bei denen man keine Gelegenheit hat, sich für eine Meditation zwischendurch frei zu machen, es sei denn, man täuscht einen Toilettenbesuch vor, was gelegentlich eine recht nützliche Taktik sein kann. Das bloße Berühren der Daumen und Zeigefinger, während man tief und bedächtig durchatmet, kann dir helfen, dich an den friedvollen Ort zu erinnern, den du in der Meditation findest, und dir die Energie geben, um mit neuer Zuversicht das Vorstellungsgespräch zu Ende zu führen. Ich werde auf diese Vorgehensweise in dem Abschnitt über den «Entspannungsknopf» (Seite 160) noch näher eingehen.

Was tun bei Zweifeln und inneren Widerständen?

Unser Verstand hat es nun einmal so an sich, daß er ab einem bestimmten Punkt zu sagen beginnt: «Das geht nicht» oder: «Mach dir nichts draus». Wenn du lernst, die weiter unten beschriebenen Übungen zur Gedankenbeobachtung einzusetzen, wirst du solche Gedanken als Objekt der Konzentration für deine Aufmerksamkeit benutzen können. Ebenso wie stinkender alter Mist zu wertvollem Dünger werden kann, kannst du Zweifel und innere Widerstände einsetzen, um deinen meditativen Sinn zu verfeinern, einfach indem du sie beobachtest. Sie werden dann zu deinen Lehrern, statt dich zu quälen.

Wettbewerb

In unserer am Wettbewerb orientierten Kultur ist es leicht, auch bei der Meditation der Beste sein zu wollen oder sich allzu stark an seinen Zielen zu orientieren. Trungpa Rinpoche, ein tibetischer Lama, der vorwiegend in den USA lebte und lehrte, nannte dies «spirituellen Materialismus».

Stell dir die Meditation als einen Tanz vor, nicht als einen Wettlauf. In einem Wettlauf ist das Ziel, schneller fertig zu werden als alle anderen oder die eigene Bestleistung zu überbieten. Beim Tanz ist das Ziel, dich an deinen Bewegungen zu erfreuen, während du sie ausführst. Versuche also, dich nicht darum zu kümmern, ob deine Meditationen besser werden oder ob du alles richtig machst. Tu es einfach! Selbst in einer Wettbewerbssituation kann übermäßige Sorge über das, was du tust, (wenn du zuviel über die Schulter schaust) deine Leistung schmälern.

Ein klarer Kopf

Die meisten der folgenden Übungen funktionieren nach einem Prinzip, das ich das «Ablenkungsbeseitigungsprinzip» nenne. Indem ich meinen Gedanken einige ganz einfache, aber ausfüllende Dinge zu tun gebe, kann der normale innere Monolog aus Ängsten, Wünschen, Erinnerungen und Gedanken an die Zukunft zum Stillstand gebracht werden. Die Gedanken sind dann zu beschäftigt, um ihr gewöhnliches Geschnatter fortzuführen.

Nachdem es dir gelungen ist, die beschriebenen unerwünschten Gedanken zu beseitigen und aus dem Kopf zu vertreiben, wirst du allmählich in die Lage versetzt, mit Hilfe der Übungen zur Gedankenbeobachtung geistige Prozesse direkt zu beobachten. Fürs erste jedoch soll die Beseitigung «überschüssiger» Gedanken das Ziel sein.

Auf die Frage, wie er es schaffe, aus einem riesigen Steinblock einen Elefanten zu hauen, erwiderte ein Meisterbildhauer: «Ich meißele einfach alles weg, was nicht wie ein Elefant aussieht». Wenn du alle Gedanken aus dem Kopf beseitigst, die zuviel sind, wird nichts übrigbleiben als ein klares und friedvolles Gefühl, und irgendwann wirst du wirklich verstehen, was in deinem Geist vor sich geht.

Wenn nicht anders angegeben, solltest du zuerst jede Meditation drei Minuten lang praktizieren (wenn du wünschst, jedoch auch länger). Sobald du die Übung beherrscht, kannst du sie so lange oder so kurz praktizieren, wie du willst, von drei Sekunden bis zu drei Stunden.

Die folgende, erste Dreiminutenmeditation hat mit unserem wichtigsten Bedürfnis zu tun, dem Atmen. Wir können tagelang ohne Wasser überleben, Wochen ohne Nahrung und vielleicht sogar Jahre ohne Sex und ohne Arbeit. Aber eine knappe Minute ohne Atmen ist für die meisten von uns eine lange Zeit. Wie selten hingegen kommt es vor, daß wir unsere Aufmerksamkeit ausschließlich auf dieses grundlegendste aller Bedürfnisse richten? Glücklicherweise bedarf es für einen gesunden Menschen keiner besonderen geistigen Anstrengung zu atmen. Keiner von uns hat daher kaum einmal einen Gedanken darauf verwendet – bis heute.

Die Atemzählmeditation

Als erstes solltest du diese Meditation an einem ruhigen Ort praktizieren, mit den Händen in der auf Seite 81 f. beschriebenen Haltung. Falls du die Übung bereits versucht hast, als sie auf Seite 30 erstmals erwähnt wurde, solltest du sie nun wiederholen. Wenn du schon einmal dasitzt, kannst du genausogut auch meditieren.

Zähle einfach in Gedanken bei jedem Ausatmen deine Atemzüge. «Einatmen… Eins, Einatmen… Zwei, Einatmen… Drei, Einatmen… Vier». Dann fang wieder von vorn an: «Einatmen… Eins…» und so weiter. Versuche dich nicht zu verzählen, und achte darauf, daß du deine Atmung in keiner Weise beeinflußt. Achte darauf, wie das Atmen sich körperlich anfühlt, sowohl das Einatmen als auch das Ausatmen, während der Atem durch die Nase oder den Mund geht.

Wenn du dich dabei ertappst, daß du über irgend etwas außer dem Gefühl deines Atems und der Anzahl der Atemzüge nachdenkst, konzentriere dich erneut auf das körperliche Gefühl des Atmens und auf die Anzahl der Atemzüge. Wenn du nicht mehr ganz sicher bist, bei welcher Zahl du angelangt warst, fang wieder von vorne an: «Einatmen… Eins…». Tadele dich nicht mit: «Oje, jetzt habe ich mich verzählt», sondern kehre einfach zurück zu: «Einatmen… Eins…».

Nimm dir eine Minute – jetzt – und laß die Konzentration auf den Atem und das Zählen der Atemzüge im Mittelpunkt deiner Gedanken sein. Gedanken ans Essen, Erinnerungen oder andere Eindringlinge werden, *sobald du merkst*, daß sie sich einschleichen, sanft, aber bestimmt ersetzt durch: «Einatmen… Eins, Einatmen… Zwei» und so weiter. Und daß sie das tun, darauf kannst du dich verlassen. Natürlich wird es nicht leicht sein, die Konzentration aufrechtzuerhalten. Aber mit zunehmender Übung wird es immer leichter.

Das Schöne an dieser Meditation ist, daß du sie, wenn du sie erst einmal gelernt hast, überall praktizieren kannst. Versuch sie einmal, während du in der Schlange stehst, oder im Waschsalon. Niemand wird merken, daß du etwas Ungewöhnliches tust.

Wenn du möchtest, kannst du dein Zählen auch bis auf acht oder zehn erweitern. Ist das leichter oder schwieriger für dich? Möchtest du dich einmal besonders hervortun mit einer «Spitzenleistung»? Dann versuche einmal, wie viele Atemzüge du in Folge zählen kannst, ohne daß du den Faden deiner Meditation und des Zählens durch einen Gedanken verlierst. Mein persönlicher Rekord liegt bei 442 Atemzügen, die ich an einem Nachmittag während eines zehntägigen Workshops erreicht habe.

Das Ende dieser Rekordserie hat mir mein eigener Stolz bereitet: «Einatmen... 439, Einatmen... 440, Einatmen... 441, Einatmen... 442, toll, ich bin ja wirklich Spitze heute! Ich wette, es gibt nicht viele, die so weit kommen! – Oje! Welche Nummer hatte der Atem gerade? – Verflixt und zugenäht!!!... Einatmen... Eins, Einatmen... Zwei, Einatmen... Drei...».

Die Atmen-und-Gehen-Meditation

Geh ein wenig langsamer als üblich, und konzentriere deine Aufmerksamkeit auf das Ein und Aus deiner Atmung. Beginne jeden Atemzug, indem du ihm ein Etikett gibst: «Ein», «Aus». Halte deine Hände möglichst in der Daumen-an-Mittelfinger-Position, wenn es sich nicht zu unnatürlich anfühlt.

Ohne zu versuchen, den Atem zu stark zu kontrollieren, sieh, ob du das Ein- und Ausatmen mit dem Auftreten deiner Füße auf die Erde synchronisieren kannst. Achte darauf, wie viele Schritte du bei jedem Einatmen machst und wie viele beim Ausatmen.

Dann zähle die Schritte, während du gehst und atmest, so daß du in Gedanken sagst: «Ein, 2, 3, 4... Aus, 2, 3, 4... Ein, 2, 3, 4... Aus, 2, 3, 4» oder vielleicht: «Ein, 2, 3... Aus, 2, 3...», wobei du die Eins jeweils durch das «Ein» und «Aus» ersetzt, um dich gleichzeitig auf das Atmen und das Gehen zu konzentrieren.

Möglicherweise ist dein eigener persönlicher Zählrhythmus ganz anders. Beispielsweise kann dein Ausatmen länger als das Einatmen dauern, so daß du zählst: «Ein, 2, 3 ... Aus, 2, 3, 4» oder umgekehrt: «Ein, 2, 3, 4, 5 ... Aus, 2, 3». Auch kann die Anzahl der Schritte sich von einem Atemzug zum nächsten verändern. Achte nur genau darauf, damit du deine Schritte bei jedem Ein- und Ausatmen genau zählen kannst. Atme nur, geh – und zähle. Wie bei allen Meditationen solltest du deine Gedanken, sobald du merkst, daß sie abschweifen, sanft, aber bestimmt wieder zurückbringen.

Atmen und Gehen im Alltag

Ich mache regen Gebrauch von dieser Meditation, wenn ich auf einer Buch- oder Musikmesse bin, die für mich immer mit Hektik und Streß verbunden sind. Anstatt von einem Termin zum nächsten zu hasten, ständig in der Angst, zu spät zu kommen, gehe ich und atme, gehe und atme – so daß jeder Schritt meine Gedanken beruhigt und konzentriert. Wenn ich dann bei meiner nächsten Verabredung ankomme, bin ich entspannt und bereit, mich auf alles einzustellen, was da kommen mag. Versuch es doch selbst, sei es bei einem ruhigen Spaziergang auf dem Lande oder bei eiligen Besorgungen auf der Arbeit!

Klärung des Denkens für Fortgeschrittene

In den folgenden Übungen wirst du deine Aufmerksamkeit direkt auf eine körperliche Empfindung lenken, statt sie mit einer Zahl zu versehen, wie wir das bereits getan haben. Da dies eine etwas weniger «gebrauchsfertige» Aufgabe ist, ist auch die Wahrscheinlichkeit, daß deine Gedanken abgelenkt werden, größer. Du mußt also sehr gut aufpassen, daß das kleine Hündchen deiner Gedanken nicht wieder fortläuft, und es vorsichtig wieder zum Gegenstand deiner Konzentration, dem Klang, dem Fuß oder der Flamme, zurückbringen.

Diese Meditationen sind weniger geeignet für eine langweilige Sitzung oder für den Besuch einer Buchmesse, weil ein wenig mehr Aktivität als bei den einfachen Gedankenklärungsübungen erforderlich ist. Mit etwas Einfallsreichtum wirst du jedoch Momente finden, in denen du allein genug bist, um den Chant und den langsamen Gang zu üben, und Restaurants mit Kerzenlicht sind der natürliche Ort für eine Flammenmeditation (während dein Begleiter auf die Toilette gegangen ist).

Von der einfachen Chanting- oder Mantrameditation

Die einfache Chanting- oder Mantrameditation (Chanting=singen, Mantra=kraftgeladene Silbe) ist wohl die am weitesten verbreitete Meditationsform überhaupt. Sie ähnelt in gewisser Weise der Transzendentalen Meditation [TM] des Maharishi Mahesh Yogi, die in den späten sechziger Jahren von den Beatles in die westliche Welt gebracht wurde (mit dem Unterschied, daß du keine vierhundert Mark bezahlen und dem Trainer auch keine weiße Blume mitbringen mußt). Dieser Meditationsstil wurde später von Dr. Herbert Benson mit seinem «wissenschaftlichen» Buch über die Meditation, *The Relaxation Response* (Die Entspannungsreaktion), noch populärer gemacht. Durch die Transzendentale Meditation bin ich zum erstenmal in Berührung mit einer geregelten Meditationserfahrung gekommen, und obwohl ich diese Art der Meditation schon lange nicht mehr praktiziere, bin ich noch immer sowohl den Beatles als auch dem Maharishi dankbar dafür, daß sie diese jahrhundertealte Technik in den Westen gebracht haben.

Die einfache Mantrameditation

Sitz in bequemer aufrechter Haltung an einem ruhigen Ort. Laß die Spitzen von Daumen und Mittelfinger einander berühren. Konzentriere deine Aufmerksamkeit auf ein angenehm klingendes ein- oder zweisilbiges Wort. Yogis bevorzugen ein «Om» oder ein «Aum». Dr. Benson schlägt vor, das englische Wort «one» zu verwenden. Für Christen empfiehlt sich ein «Amen». TM-Anhänger mögen ebenfalls zweisilbige Mantras, von denen viele so ähnlich klingen wie «Amen». Beginne am besten jetzt, indem du dir eines der genannten Mantras aussuchst.

Flüstere das Wort ein paarmal langsam still vor dich hin. (Nehmen wir an, du hast dich für das «Om» entschieden.) Anschließend flüsterst du das «Om» nicht einmal mehr, sondern denkst es nur. Möglicherweise möchtest du dir das Wort auch ausgeschrieben vorstellen. Oder du stellst dir vor, daß du es hörst oder selbst sprichst. Richte deine Aufmerksamkeit auf das «Om», gleich in welcher Form.

Natürlich werden deine Gedanken abschweifen. Du wirst merken, wie du über morgen nachdenkst oder sogar darüber, wie gut du dich auf das «Om» konzentrieren kannst. Möglicherweise hast du deine Zweifel («Ich schaffe das nicht») oder auch einen angenehmen Tagtraum.

Wenn deine Aufmerksamkeit von dem «Om» abschweift, bringe sie sanft, aber bestimmt wieder zurück. Laß deinen Tagtraum, deinen Zweifel oder dein Wunschdenken jetzt einmal sein, du kannst über alles anschließend nachdenken. Jetzt denkst du einmal nur das «Om».

Das ist alles. Mehr gehört nicht dazu. Je öfter du es tust, desto länger wirst du bei dem Om bleiben können. Erst sind es nur ein paar Sekunden, dann zehn oder fünfzehn, schließlich eine halbe Minute. Für viele Meditierende sind Mantras ein besonders starker Brennpunkt ihrer Aufmerksamkeit. Deshalb sind sie so beliebt.

Wenn du Freude an der einfachen Mantrameditation hast, möchtest du vielleicht versuchen, ein etwas größeres und schwierigeres Mantra zu wiederholen. Dazu kannst du jedes kurze christliche Gebet verwenden, das du einmal gelernt hast. Etwa das «Herzensgebet»: «Herr Jesus Christus, sei mir gnädig.» Wenn du mosaischen Glaubens bist, kannst du das wichtigste Gebet der jüdischen Tradition verwenden, das «Shma»: «Höre Israel, der Herr, unser Gott, der Herr ist Eins.» (Auf hebräisch: Shma 'Yis-ro-el' Ah-doh-noy'Eh-lo-hay'-nu, Ah-doh-noy'Eh-chord'.)

Eine der letzten Anweisungen Buddhas an seine Schüler war, den Satz «Nam Myoho Renge Kyo» zu wiederholen. Eine grob vereinfachte Übersetzung lautet: «Ich vertraue mich dem Gesetz des universalen Bewußtseins an.» Diese Form der buddhistischen Meditation, bekannt unter dem Namen «Nichi-Ren», hat ihr Zentrum in Japan und wird von Menschen auf der ganzen Welt praktiziert.

Wenn du weitere christliche oder jüdische Mantras erfahren möchtest, solltest du dich an einen Pfarrer oder Rabbiner in deiner Gegend wenden, der dir sicher bei der Vertiefung deiner Meditation behilflich sein kann. Falls du keinen Kontakt bekommst, kannst du dich auch anhand der einschlägigen Literatur weiter kundig machen (siehe Bibliographie), oder du denkst dir selbst ein sinnvolles Mantra aus.

Die Meditation des langsamen Gehens

Mit dieser Meditation solltest du am besten an einem abgeschiedenen Ort beginnen, weil sie möglicherweise ziemlich komisch aussieht! Such dir einen Platz, an dem du mindestens drei, vier Meter geradeaus gehen kannst. Dann geh sehr, sehr langsam, so langsam, daß du genug Zeit hast, jede Bewegung deiner Schritte in Gedanken zu verfolgen und zu benennen.

Sag «heben», wenn du deinen Fuß vom Boden hebst. Sag «bewegen», wenn du ihn durch die Luft bewegst. Sag «setzen», wenn du einen Fuß vor den anderen setzt. Sag «verlagern», wenn du dein Gewicht von einem Bein aufs andere verlagerst. Sag wieder «heben», wenn du den nächsten Schritt beginnst. Und immer so weiter. Heben, bewegen, setzen, verlagern... heben, bewegen, setzen, verlagern...

Nimm dir zuerst acht bis zehn Sekunden Zeit, um einen Durchgang der vier Bewegungselemente zu vollführen. Gehen in Zeitlupe. Immer wenn deine Aufmerksamkeit abschweift, bring sie zurück zu deinem Gang.

Wenn du dich daran gewöhnt hast, dich auf deine Füße zu konzentrieren, kannst du versuchen, manchmal etwas schneller zu gehen, wobei du nur das Heben und das Setzen benennst. Wenn es dir einfacher erscheint, sag einfach «auf» und «ab», anstatt «heben» und «setzen». Oder du versuchst, deinen Gang extrem zu verlangsamen, und nimmst dir dreißig oder vierzig Sekunden Zeit für einen einzigen Schritt.

Kommen dir andere Gedanken in den Kopf? Dann konzentriere dich wieder auf den aktiven Fuß!

Die Flammenmeditation

Betrachte in einem dunklen Raum aus einem Abstand von dreißig bis vierzig Zentimetern für eine oder zwei Minuten ganz intensiv die Flamme einer Kerze. Immer wenn deine Aufmerksamkeit abschweift, lenke deinen Blick wieder auf das Zentrum des kleinen Feuers. Versuche, nicht über die Kerze nachzudenken und auch nicht über den Sinn der Übung, darüber, warum die Flamme so aussieht oder über die Politik. Lenke einfach deine Aufmerksamkeit immer wieder auf die Betrachtung der Flamme.

Dann blase die Kerze schnell aus und schließ die Augen. In ein paar Sekunden wirst du die Flamme wieder sehen, scheinbar auf die Innenseite der Augenlider projiziert. Betrachte, solange du kannst, dieses Bild. Möglicherweise wechselt es seine Farbe, seine Form, oder es scheint sich umherzubewegen. Vielleicht verschwindet es auch ganz und kommt dann in leicht veränderter Form, Farbe oder Größe wieder. Aber du wirst es wiedererkennen, wenn du dich darauf konzentrierst. Mit etwas Übung wirst du das Bild mindestens ebenso lange vor Augen haben, wie du die tatsächliche Flamme betrachtet hast.

Es hat etwas Aufregendes und Herausforderndes, sich sowohl auf die wirkliche Flamme als auch auf das Nachbild zu konzentrieren. Künstler und andere visuell ausgerichtete Menschen können mit dieser Übung eine außerordentlich starke Konzentration erreichen.

Für Freunde und Paare: die «Ahhh»-Atmung

Wenn du an einem außerordentlich intimen Erlebnis mit einem guten Freund, Verwandten oder Liebhaber interessiert bist, kannst du diese Übung versuchen. Ich habe sie von Stephen Levine gelernt, der sie wiederum von Richard Boerstler von der «Clear Light Society» übernommen hat. Ich weiß nicht, wo Richard sie her hat, aber sie ist etwas Wundervolles.

Entscheidet, wer von euch beiden der aktive Partner sein soll. Der passive Partner liegt oder sitzt bequem, die Augen geschlossen, und atmet normal. Der aktive Partner sitzt daneben, nahe genug, um das Heben und Senken der Brust seines Partners zu sehen, während dieser atmet, und um jeden Atemzug zu hören.

Der aktive Partner versucht sich so gut wie möglich an den Atemrhythmus seines Gegenübers anzupassen, das Einatmen zum gleichen Zeitpunkt zu beginnen, den Atem genauso lange zu halten und genauso lange auszuatmen. Das ist nicht ganz leicht und erfordert intensive Aufmerksamkeit. Bei jedem Ausatmen läßt der aktive Partner seinen Atem mit einem Seufzer los… «ahhh».

Der inaktive Partner sollte dem aktiven nicht versuchen zu helfen, indem er seine Atemzüge extra regelmäßig macht oder besonders laut, er sollte ihn jedoch auch nicht behindern, indem er besonders leise atmet.

Diese Übung fördert ein starkes Gefühl der Verbundenheit, des Mitgefühls und der Liebe zwischen zwei Partnern. Es ist fast, als würden sich zwei Menschen einen Atem teilen – gelegentlich fühlt es sich tatsächlich so an, als würden die beiden Körper irgendwie verschmelzen. Paare werden merken, daß die Übung gut geeignet ist, das gegenseitige Vertrauen zu stärken, besonders, wenn der Augenkontakt aufrechterhalten wird. Du kannst die

«Ahhh»-Atmung sogar mit einem Haustier machen, wobei du wahrscheinlich die aktive Rolle übernehmen wirst.

Viele Krankenschwestern, Therapeuten und einige Ärzte verwenden diese Meditation mit ihren Patienten. Sie kann auch mit einem Partner durchgeführt werden, der schläft oder im Koma liegt, und ist sehr beruhigend sowohl für den Kranken als auch für den Heiler.

Die Herzschlagmeditation

In jeder Sekunde schlägt dein Herz mindestens einmal. Wenn es für länger damit aufhörte, gehörtest du der Vergangenheit an. Das Zählen oder Benennen jedes Herzschlages ist ein erstaunlich wirksames Mittel, um die Aufmerksamkeit zu konzentrieren, selbst wenn du es nur für eine Minute oder noch weniger machst. Fallst du hypochondrische Tendenzen hast oder herzkrank bist, solltest du diese Übung vorerst nicht tun, bis du die folgenden Seiten durchgelesen hast und dich ganz sicher fühlst.

Leg deine Hand aufs Herz, oder finde mit den Fingern deinen Puls. Zähle jeden Herzschlag bis zum vierten oder zum zehnten, wie du es mit dem Atem getan hast. Wenn du dich verzählst, fang wieder von vorne an.

Du kannst auch deine Herzschläge benennen, indem du bei jedem Puls, den du spürst, sagst: «Schlag». Das ist so ähnlich wie die langsame Gehmeditation.

Der aufregende (und manchmal etwas beängstigende) Teil dieser Übung ist, wenn alle ein oder zwei Minuten das Herz einmal einen Schlag ausläßt. Ich bin mir dann niemals absolut sicher, ob der nächste Schlag wieder stattfindet oder nicht.

Die Ärzte sagen, daß es nicht unbedingt ein Zeichen für Herzprobleme ist, wenn gelegentlich einmal ein Herzschlag aussetzt, es sei denn, es sind durchschnittlich mehr als vier oder fünf pro Minute. Es ist jedoch immer ein wenig beängstigend, wenn es auftritt. Wenn du nach einem übersprungenen Herzschlag einen ängstlichen Gedanken hast, registriere ihn einfach, stelle fest, daß du aufgehört hast zu zählen, und konzentriere dich wieder auf deinen Herzschlag. Später, wenn du die Meditation beendest, kannst du dir immer noch Sorgen machen. Und wenn du genügend meditiert hast, brauchst du dir vielleicht gar nicht mehr so viele Sorgen zu machen.

Geh- und Atemmeditationen für Fortgeschrittene

Die nächsten beiden klärenden Meditationen haben damit zu tun, die Aufmerksamkeit direkt auf körperliche Wahrnehmungen zu richten, ohne zu zählen oder zu benennen. Sie sind die Grundelemente der Vipassana-Meditation. Wenn es dir schwerfällt, dich auf sie zu konzentrieren, wechsle sie ab mit den Übungen, die du leichter findest, wie die oben beschriebenen.

Die namenlose Gehmeditation

Geh langsam und achte genau auf deine Füße. Wie fühlt sich das Gehen wirklich an? Welche Muskeln in deinen Waden, Fersen oder Zehen verwendest du zum Gehen? Wie fühlt sich der Boden an, auf dem du gehst? Ist er hart, steinig oder weich wie ein Schwamm? Geh barfuß und fühle jeden Stein, Zweig oder Riß im Fußboden.

Möglicherweise findest du es leichter, diese Übung mit der Atemgehübung oder mit der Langsamgehmeditation zu beginnen. Mach nach einer Minute eine Pause und konzentriere dich wieder auf deine Füße und auf den Boden. Wenn Gedanken auftauchen, kehrst du mit deiner Aufmerksamkeit wie üblich sanft, aber bestimmt wieder zurück zu deinen Füßen.

Die namenlose Atemmeditation

Atme ganz normal und konzentriere dich auf die Empfindung des Atmens. In welchem Teil des Körpers spürst du deine Atemzüge am deutlichsten? Einige Menschen spüren ihren Atem am besten an den Nasenlöchern, dort, wo die Luft ein- und ausströmt. Andere finden es leichter, sich auf das Heben und Senken der Bauchdecke oder der Brust zu konzentrieren. Menschen, die durch den Mund atmen, spüren möglicherweise ihren Atem am deutlichsten in der Rachenhöhle. Entscheide dich für eine der Gegenden und konzentriere dich darauf.

Versuche, deinen Atem überhaupt nicht zu kontrollieren, ihn nicht zu verlangsamen oder irgendwie «meditativ» zu machen. Laß jeden Atemzug so, wie er ist.

Beobachte jeden Atemzug, so, als wäre er ein starkes und einzigartiges Wesen, das an dir vorübergeht. Ist der Atem lang oder kurz? Glatt und gleichmäßig oder abgehackt? Fühlt er sich kühl oder heiß an? Geht er direkt vom Einatmen zum Ausatmen, oder gibt es einen Punkt dazwischen, an dem er festgehalten wird? Gab es ein Husten, ein Aufstoßen oder einen Schluckauf als Bestandteil dieses Atemzuges? Oder sogar ein Niesen (mein liebster «Spezialeffekt» beim Atmen, siehe Seite 50)? War das Atmen eher ein Seufzer oder ein Keuchen? Auch hier gilt: Sollte deine Aufmerksamkeit abschweifen, lenke sie sanft, aber bestimmt wieder zurück auf deinen Atem.

Ein Bekannter von mir («Wavy Gravy», Zirkusclown, Lebenskünstler und Überlebender der sechziger Jahre) arbeitet in San Francisco mit Sterbenden, besonders mit Kindern. Seine Meditationspraxis hilft ihm, ruhig und liebevoll zu bleiben, in der Klinik ebenso wie im Zirkus. Er schmiert gern ein wenig Tigerbalsam (oder Wick Vaporub) auf die Innenseite seiner großen roten Clownnase als Hilfsmittel, um sich darauf konzentrieren zu können, wie sich der Atem durch die Nase bewegt.

Meditation des Hörens und Sehens

Unsere letzte und vielleicht schwierigste Art von Meditation zur Klärung des Denkens besteht darin, die Wolken zu beobachten, die Flammen eines Feuers oder die schäumenden Wogen am Meer. Versuche nicht, das, was du siehst, zu verstehen. Versuche nicht, nach etwas Regelmäßigem Ausschau zu halten. Beurteile nichts, was du siehst. Tu nichts als sehen. Sobald du merkst, daß sich ein Gedanke in deinem Kopf einschleicht, geh einfach wieder zurück zum Sehen.

Am leichtesten ist es, die Sehmeditation mit natürlichen Gegenständen wie den oben erwähnten zu beginnen, weil diese etwas weniger geeignet sind, Gedanken zu inspirieren, als andere, wie etwa Gesichter oder Körper. Mit etwas Übung wirst du jedoch in der Lage sein, alles mögliche anzuschauen und nichts weiter zu tun als zu sehen. Autos oder Menschen, die vorübergehen, eine leere Wand oder auch deine eigenen Hände können visuelle Gegenstände sein, auf die sich deine Aufmerksamkeit konzentrieren kann.

Auf dieselbe Weise kannst du dein Hören praktizieren. Kein Gedanke, kein Urteil, kein Versuch, einen Reim daraus zu machen. Nur Hören. Wenn Gedanken kommen, achte darauf, daß du jetzt denkst, und konzentriere dich wieder auf die Musik. Instrumentalmusik ist gewöhnlich die leichteste Musik, um eine Meditation zu beginnen, weil jede Musik, die Worte enthält, eher geeignet ist, Gedanken anzuregen, wenn man den Text hört.

Natürlich wird, wenn du einmal auf den Trichter gekommen bist, jeder Ort, an den du gehst, und alles, was du tust, zu einer gedankenklärenden Meditation. Einen solchen ziemlich fortgeschrittenen Zustand nennen wir «Leben im Jetzt». Wir werden später noch darauf zurückkommen.

Das Denken beobachten

Das meiste, was es über dieses Thema zu sagen gibt, habe ich bereits im ersten Teil gesagt. Wenn du begonnen hast, die Meditationen zur Klärung des Denkens zu praktizieren, bist du wahrscheinlich auch bereit, dein Denken zu beobachten. Dazu empfehle ich, die vorangegangenen Abschnitte über die Beobachtung des Denkens noch einmal durchzulesen (Seite 47 f.), bevor du dich an die folgenden Übungen begibst. Darüber hinaus möchte ich Stephen Levines Buch «A Gradual Awakening» empfehlen, worin über die hohe Kunst der Gedankenbeobachtung viel Wissenswertes nachzulesen ist.

In den folgenden Übungen wirst du dich auf die Gedanken, die dir durch den Kopf gehen, konzentrieren. Anders gesagt, wir werden unsere Gedanken als Gegenstand unserer Meditation verwenden, genauso wie wir das bereits mit unserem Atem und unserem Gang getan haben. Ebenso wie bei den Atem- und Gehmeditationen beginnen wir mit dem Zählen unserer Gedanken, und anschließend werden wir ihnen Namen geben. Schon bald werden wir in der Lage sein, uns auf die direkten Empfindungen zu konzentrieren, die unsere Gedanken in uns erzeugen, ohne etwas zu zählen oder zu benennen.

Die Gedankenzählmeditation

Diese Übung wird dir helfen, deine Aufmerksamkeit von den *Inhalten* deiner Gedanken abzulenken, wie auf Seite 84 ff. beschrieben.

Setz dich bequem hin, und halte eine Stoppuhr oder einen Küchenwecker bereit. Falls du keinen hast, setz dich irgendwo hin, wo eine Uhr in Sichtweite ist. Stell die Zeit auf eine Minute ein, oder setz dir ein Limit mit Hilfe der Uhr.

Nun schließ die Augen, und fang an, deine Gedanken zu zählen. Sobald ein Gedanke auftaucht, zähle ihn, aber laß dich nicht auf den Inhalt des Gedankens ein. Falls du dich dennoch einläßt, kann es dir passieren, daß du während der ganzen Minute nicht weiter kommst als bis zur Eins.

Stell dir vor, du beobachtest Vögel. Es gibt Spezialisten, die nehmen ein Fernglas mit auf ihren Spaziergang und versuchen so viele verschiedene Vogelarten zu identifizieren wie möglich. Sie schauen sich die einzelnen Vögel gar nicht weiter an, sondern identifizieren und zählen sie nur. Sobald sie einen gesehen haben, halten sie nach dem nächsten Ausschau. Wenn du deine Gedanken beobachtest, tust du dasselbe wie bei den Vögeln – bloß mit deinen Gedanken und lediglich für eine Minute.

Wenn du bereits gelernt hast, deine Aufmerksamkeit wieder auf die Meditation zurückzulenken (beim Praktizieren der Meditationen zur Klärung der Gedanken), wirst du wahrscheinlich auch in der Lage sein, jeden Gedanken wieder loszulassen, nachdem du ihn gezählt hast, es sei denn, es ist einer jener hartnäckigen Gedanken, mit denen wir uns im folgenden beschäftigen werden. Richte dann deine Aufmerksamkeit wieder auf die Suche nach dem nächsten Gedanken, den du «abhaken» und zählen kannst. Falls einmal keine Gedanken kommen, sagst du dir einfach: «keine Gedanken» (was an sich bereits ein kompletter Gedanke ist, den du zählen solltest), oder entspanne dich einfach und freu dich über einen Moment spontaner Gedankenklärung.

Zähle immer weiter deine Gedanken. Das schließt alle Gedanken ein, auch solche wie: «Nanu? Ich scheine überhaupt keine Gedanken zu haben» oder «Moment mal, war das jetzt Nummer sieben oder Nummer acht?». Einige Gedanken werden vorüberfliegen wie ein schneller exotischer Vogel oder nur in Form flüchtiger Bilder oder einzelner Worte auftauchen. Andere werden wie Pinguine vor deinem inneren Auge verweilen und sich mit dem Fortgehen Zeit lassen.

Wenn ein Gedanke auftaucht und sein Inhalt so verlockend für dich ist, daß du einfach nicht widerstehen kannst, versuche dich daran zu erinnern, was das für ein Gedanke war. Selbst wenn es dich im Moment von deiner Meditation ablenken sollte, ist dies doch eine nützliche Information, die du später noch gebrauchen wirst. Schreib den hartnäckigen Gedanken auf, und versuch die Übung später noch einmal. Ängste und Wünsche scheinen für die meisten Menschen am schwersten loszulassen sein. Vergiß jedoch nicht, daß nicht die Angst oder der Wunsch das Problem ist, sondern die Unfähigkeit, deine Reaktion darauf zu beherrschen.

Dies ist keine leichte Übung, aber man kann eigentlich nichts falsch machen. Der einzige Sinn dieser Übung besteht darin, in diesem Moment deine Gedanken als Gegenstände zu sehen, als Vögel, Steine oder andere Menschen. Nichts persönlich nehmen – nur Gedanken «abhaken».

Von der Gedankenbenennmeditation

In der vorangegangenen Meditation haben wir überhaupt nicht auf den Inhalt des jeweiligen Gedankens, den wir gezählt haben, geachtet. Nun werden wir dem Inhalt gerade soviel Aufmerksamkeit schenken, daß wir in der Lage sind, ihm einen Namen zu geben.

Fertige im Kopf oder auf Papier eine kurze Liste der Arten oder Kategorien von Gedanken an, die auf der Leinwand deines Geistes immer wieder auftauchen. Ich selbst habe etwa acht langjährige Favoriten, die ich – in der Reihenfolge ihrer Beliebtheit – später noch auflisten werde. Ist deine Liste auch so nobel und spirituell wie meine?

«Plangedanken» sind solche, in denen ich versuche, genau zu entscheiden, was ich tun werde, spezifisch («Ich schreibe noch einen Brief an John, und dann gehe ich essen») oder allgemein («Vielleicht sollte ich doch lieber Jura studieren»). «Wunschgedanken» können Wünsche nach allem möglichen beinhalten, von Sex bis zum Weltfrieden. «Angstgedanken» können die verschiedensten Sorgen umfassen: Hypochondrie, Geld, Arbeitslosigkeit und so weiter. «Glückliche» oder «dankbare Gedanken» bestehen oft in der Wahrnehmung angenehmer Empfindungen wie der Sonne auf der Haut oder dem Duft von Bratkartoffeln. «Urteilende

Gedanken» sind solche, in denen man etwas gut oder – was viel häufiger vorkommt – schlecht an jemandem oder etwas findet. «Selbstgerechte Gedanken» sind solche, bei denen ich recht und jemand anderes unrecht hat. «Wütende Gedanken» können entweder auf dich selbst gerichtet sein, dann fallen sie in die Unterkategorie «Selbsthaßgedanken», oder sie sind auf jemand anders gerichtet. Findest du noch weitere Kategorien?

Die Gedankenetikettiermeditation

Setz dich bequem hin, und beobachte jeden einzelnen Gedanken, wie er in deinem Bewußtsein auftaucht. Beobachte ihn lange genug, um zu entscheiden, in welche deiner Kategorien er paßt, und paß auf, bis der nächste kommt. Wenn im Augenblick absolut keine Gedanken kommen wollen, entspanne dich einfach, und erfreue dich einiger Sekunden müheloser Gedankenklärung.

Falls ein Gedanke scheinbar überhaupt nicht in eine deiner Kategorien passen will, erfinde einfach eine mehr oder weniger angebrachte neue Kategorie («Ach so, das ist wieder einer von den ‹wäre ich doch nur als Eskimo geboren›-Gedanken»), und begib dich wieder in Warteposition auf den nächsten Gedanken.

Ebenso wie in der vorangegangenen Übung solltest du, wenn einer jener hartnäckigen Gedanken auftaucht, die mit allen Mitteln um deine Aufmerksamkeit kämpfen, feststellen, was es für ein Gedanke ist und zu welcher Kategorie er gehört.

Nach der Meditation solltest du sehen, welche Gedanken am häufigsten aufgetreten sind. Welche Gedanken konntest du am leichtesten loslassen? Welche am schwersten?

Die besondere Gedankenzählmeditation

Du kannst jeden Gedanken und jede Gedankenkategorie in dieser Übung verwenden. Den größten Nutzen wirst du wahrscheinlich mit den «hartnäckigen» Gedanken haben, weil du bei ihnen die meiste Übung brauchst.

In dieser Übung wirst du versuchen zu zählen, wie oft in einer Stunde oder an einem Tag ein bestimmter Gedanke auftaucht. Das ist alles. Vielleicht möchtest du schriftlich darüber buchführen, damit du nicht vergißt, wie oft du den Gedanken hattest. Versuche dabei, nicht auf dich selbst wütend zu werden, weil du diese unkontrollierbaren Gedanken hast. Die Übung zum Mitgefühl, die wir später vorstellen werden, wird dir helfen, deine Gedanken mit etwas mehr Einfühlungsvermögen zu betrachten.

Normalerweise praktiziere ich diese Übung mit meinen selbstgerechten Gedanken, weil die für mich die hartnäckigsten sind. Ich liebe es, recht zu haben, und es fällt mir sehr schwer zuzusehen, wie jemand anders im Unrecht ist, es aber nicht einsehen will. Ich versuche dann immer, ihm zu zeigen, daß ich recht habe und er unrecht. An einem besonders selbstgerechten Tag kann ich Dutzende selbstgerechter Gedanken zählen. Durch das Zählen werde ich mir bewußt, welche Macht dieser bestimmte Gedanke über mich hat, wobei das Bewußtsein der Macht diese gleichzeitig wieder vermindert.

Die Gedankenkettenmeditation

In einem Cartoon von Rube Goldberg gibt es eine seltsame Verkettung von Ereignissen, die schließlich zu einem unerwarteten Ende führen. Wenn der «Goldberg-Wecker» losgeht, geht zuerst die Sonne auf, ihre Strahlen brennen den Faden durch, der den Käse hält, der Käse fällt herunter, die Mäuse kommen heraus, die Katze jagt hinter den Mäusen her, der Hund kommt hinter dem Bett hervor, um die Katze zu jagen, reißt dabei einen Besen um, was den Bauer aufweckt, um rechtzeitig die Kühe zu melken.

Das Denken funktioniert oft genauso, indem es unsere Gedanken auf seltsame Weise miteinander verknüpft. Als ich begann, meine Gedanken sorgfältiger zu beobachten, fand ich heraus, daß Frustration und ängstliche Gedanken häufig wütende Gedanken erzeugen, wie ich in «Gewaltphantasien» auf Seite 51 f. und in «Mitgefühl» auf Seite 57 f. beschrieben habe.

Nachdem du einige Zeit mit dem Zählen und Etikettieren von

Gedanken verbracht hast, kannst du eine Meditation versuchen, bei der du spezifisch nach zwei oder mehr Gedanken suchst, die häufig gemeinsam auftreten. So könntest du zum Beispiel herausfinden, daß die Schuldgefühle, von denen du dachtest, daß sie ganz spontan aufgetaucht wären, in Wirklichkeit die Folge vorangegangener ärgerlicher Gedanken waren, die ihrerseits aus deinen hilflosen Gedanken entsprungen sind. Wenn du dir auf diese Weise über deine eigenen Gedanken klarwirst, kann dir das helfen, deine Gefühle zu verstehen.

Die Gedankenerfahrungsmeditation

Ebenso wie beim Atmen und beim Gehen haben wir die Gedanken auch zuerst einmal gezählt und ihnen dann Namen gegeben. Jetzt ist es Zeit, sich auf die Empfindungen einzulassen, die mit den Gedanken verbunden sind, ebenso wie wir dies bei den körperlichen Empfindungen getan haben, die mit dem Gehen und dem Atmen verbunden sind: wahrnehmen, ohne zu definieren.

Beginne mit einem Moment deiner bevorzugten Meditation, um dich zu entspannen und deinen Geist zu klären. Dann rufe einen deiner hartnäckigsten Gedanken hervor, möglicherweise eine Angst, einen Wunsch oder eine Wut auf jemanden. Beobachte den Gedanken und frage dich: «Wie fühlt sich der Ärger (oder was sonst) an?» Ist es ein heißes oder ein kaltes Gefühl? Fühlt sich mein Körper verspannt oder locker an? Gibt es etwas an dem Gefühl, was ich als angenehm empfinde, oder tut es nur weh?

Beobachte einfach den Gedanken – tritt einen Schritt zurück, und drehe und wende den Gedanken in deinem Kopf wie einen Gegenstand, den du genau betrachtest. Dabei kann es nützlich sein, die Abschnitte «Im Kino» und «Auf das Denken schauen» aus dem ersten Teil noch einmal zu lesen. Verändert sich deine Einstellung zu dem Gedanken dadurch, daß du ihn auf diese Weise betrachtest? Wie?

Wenn du merkst, daß du von dem Inhalt des Gedankens gefangengenommen wirst («Ich habe ein Recht darauf, mich aufzuregen, man hätte mir das niemals antun dürfen…»), beobachte, wie es geschieht. Wie fühlt es sich an, von dem Gedanken gefangengenommen zu werden? Und wenn es dir nicht gelingt, zurückzutreten und auf den Gedanken zu schauen, versuche es erst einmal mit einem anderen, der nicht so hartnäckig ist.

Im Jetzt leben

Die meisten Menschen leben die meiste Zeit entweder in der Vergangenheit oder in der Zukunft. Nur selten ist unsere Aufmerksamkeit darauf gerichtet, was im Jetzt geschieht. Wie ist das bei dir gerade? Glaubst du, daß deine Aufmerksamkeit gerade im Jetzt ist? Dann schnell – ohne weiter nachzudenken: Atmest du gerade ein oder aus? Wahrscheinlich mußtest du deine Aufmerksamkeit erst einmal auf deinen Atem zurücklenken, um diese Frage zu beantworten. Wo warst du dann mit deinen Gedanken?

Gedanken darüber, was wir gerade getan haben oder nicht, und darüber, was wir tun sollten oder nicht, geistern uns ständig im Kopf herum. Wie oft denken wir zurück im Zorn und voller Selbstvorwürfe? «Ich hätte das anders machen sollen» oder: «Das habe ich gründlich vermasselt». Wie oft machen wir uns mit Gedanken an die Zukunft verrückt? «Was, wenn das und das passiert?» oder: «Wahrscheinlich wird ja doch nichts daraus».

Praktisch all unser Denken beruht entweder auf der Vergangenheit oder auf der Zukunft, mit Sicherheit alle unsere Ängste und Wünsche. Wünsche sind üblicherweise Erinnerungen an vergangene Freuden, die wir planen oder hoffen, in der Zukunft wiederholen zu können. Ängste sind üblicherweise Erinnerungen an vergangene Schmerzen, die wir planen oder hoffen, in der Zukunft zu vermeiden.

Auf eine bestimmte Weise sind alle Übungen dieses Buches auf das Leben im Jetzt ausgerichtet. Wenn wir Gedanken zählen oder im Gehen meditieren, ist nicht viel Zeit, um über Vergangenheit oder Zukunft nachzudenken. Wir lernen, solche Gedanken loszulassen, sobald wir sie bemerken.

Es hat etwas außerordentlich Befriedigendes, die Gedanken im Jetzt zu behalten, aber es ist nicht leicht, das genau zu beschreiben. Alles, was ich dazu sagen kann, ist, daß der Bissen, den du dir in diesem Moment auf der Zunge zergehen läßt, irgendwie völlig anders ist als der, den du gerade gegessen hast (und an den du dich nur noch erinnern kannst), oder der, den du als nächstes essen wirst (den du nur in Gedanken vorwegnehmen kannst). Natürlich bringt in gewisser Weise der Gedanke an einen vergangenen oder zukünftigen Bissen diesen in die Gegenwart, jedoch nur als Gedanken. Der eigentliche Bissen jedoch, den du im Munde hast, kann natürlich weitaus befriedigender sein als der Gedanke an einen vergangenen oder zukünftigen Bissen, den du nur in deiner gegenwärtigen Phantasie hast. Lieber in der Gegenwart mit einer einfachen Kartoffel als verloren in Gedanken an eine Zukunft mit köstlichen Menüs.

Als kleiner Verleger bin ich oft darauf angewiesen, Bücher, Anzeigen oder Marktstrategien weit vorauszuplanen. Mein «Jetzt» kann also das Anstoßen von Projekten beinhalten, die erst in vielen Monaten vollendet werden. Es ist verwirrend für mich, das Jetzt des Verlegers (das die nächsten sechs oder zwölf Monate einschließt) von meinem persönlichen Jetzt zu trennen. In meinem persönlichen Jetzt möchte ich die Ereignisse der Gegenwart – Gerüche, Geschmackserlebnisse, Gefühle – ohne übermäßige Einflüsse der Zukunft oder vergangenheitsbezogene Ängste und Wünsche genießen können. Es ist ein empfindliches Gleichgewicht, das ich selbst noch nicht ganz verstehe. Aber ich weiß, daß mir die Übungen für ein Leben im Jetzt helfen können. Und da wir gerade beim empfindlichen Gleichgewicht sind…

Die Gleichgewichtsübung

Stell dich gerade hin, die Arme locker herabhängend, die Füße nicht weiter als zwanzig Zentimeter auseinander. Konzentriere deine Aufmerksamkeit auf deinen Gleichgewichtssinn, dein Gefühl, aufrecht dazustehen mit dem Körpergewicht in der Mitte über deinen Füßen verteilt.

Lehne dich ein paar Zentimeter nach vorne, und fühle die Spannung, während deine Zehen immer schwerer auf den Boden drükken, um die Vorwärtsneigung auszugleichen, während du den

Schiefen Turm von Pisa spielst. Dann lehne dich ein paar Zentimeter nach hinten, bis die Hauptlast deines Körpers auf den Fersen liegt. Lehne dich leicht nach links und nach rechts, und beobachte die Gewichtsverlagerung von einem Fuß auf den anderen.

Mach noch einmal die vorwärts-rückwärts-links-rechts-Bewegung, aber subtiler, mit weniger Schwung. Sieh, wie wenig Neigung du brauchst, um dich nicht mehr aufrecht zu fühlen, nicht vollkommen im Gleichgewicht. Sieh, wie leicht deine Ausgleichsbewegungen in der einen oder anderen Richtung zu heftig werden. Gibt es eine bestimmte Position, in der du ein totales Gleichgewicht empfindest? Möglicherweise nicht.

Du kannst diese Übung überall durchführen, ohne aufzufallen, jedenfalls die subtilere Version. Da körperliches Gleichgewicht häufig eine Metapher für geistige Stabilität ist, kann diese Übung immer dann besonders nützlich sein, wenn du dich einmal aus dem Gleichgewicht geworfen fühlst. Die kostbaren Momente der Schonfrist vor den Verspannungen aus der Vergangenheit und den Gedanken an die Zukunft, die du dir mit Hilfe dieser Übung gewähren kannst, werden dir helfen, sowohl dein geistiges als auch dein körperliches Gleichgewicht wiederzufinden.

Andere Meditationen für ein Leben im Jetzt

Wir können ebensogut völlig alltägliche Aktivitäten nehmen und sie in hochwirksame und interessante Meditationen für ein Leben im Jetzt einbeziehen. Etwas Ähnliches haben wir ja bereits mit den Geh- und Atemmeditationen getan. Wie ich bereits angedeutet habe, ist *alles*, was mit einem hohen Grad an konzentrierter Aufmerksamkeit getan wird, eine Meditation.

Die Tradition des Zen-Buddhismus in Japan geht auf diese Weise vor. Die Gestaltung von Blumenarrangements, die Teezeremonie, Zen-Bogenschießen und die meisten japanischen Kampfsportarten werden als Formen der Meditation betrachtet. Der Praktizierende konzentriert sich ausschließlich auf die Blumen, den Tee oder den Bogen und schließt alle anderen Gedanken aus.

Die Eßmeditation

In unserer Gesellschaft herrscht ein sehr gespaltenes Verhältnis zur Ernährung. Wir meinen, uns etwas Gutes zu tun, wenn wir uns exotische Schokoladen, verführerische Desserts und gezukkerte Leckerbissen genehmigen. Gleichzeitig bestrafen wir uns und mißbrauchen die Ernährung, um uns die Selbstbestätigung zu verweigern, indem wir uns durch strenge Diäten peinigen und von einigen überflüssigen Pfunden ein Leben lang terrorisieren lassen. Wir achten sehr darauf, was wir essen, aber wenig, wie wir uns fühlen, während wir essen. Oft vermeiden wir völlig, beim Essen überhaupt etwas zu fühlen. Wir tun dies, indem wir beim Essen Konversation betreiben, und wenn wir allein essen, dazu fernsehen oder Zeitung lesen. Oder wir stopfen das Essen zwanghaft in uns hinein, ohne überhaupt etwas zu schmecken.

Eine bewußte Konzentration auf unsere Gefühle beim Essen kann eine höchst eindrucksvolle Erfahrung sein. Du solltest einmal versuchen, ganz bewußt und meditativ zu essen, am besten wenn du allein bist.

Sobald du dein Essen vor dir stehen hast, nimm dir einen Moment Zeit für eine Übung zur Klärung des Denkens, möglicherweise eine Atemmeditation. Beginne anschließend langsam zu essen. Konzentriere deine Aufmerksamkeit auf jeden einzelnen Schritt deiner Nahrungsaufnahme: das Ergreifen der Gabel oder des Löffels, die Entscheidung, welchen Bissen du auf deine Gabel nimmst, das Führen der Gabel zum Mund, das Aufnehmen der Speise mit dem Mund, das Wegnehmen der Gabel, das Kauen, das Schmecken, das Schlucken und dann das Ganze noch einmal von vorn.

Wenn du möchtest, kannst du jedem einzelnen Schritt einen Namen geben, wie du dies in der langsamen Gehmeditation getan hast: Heben, Wählen, Heben, Einführen, Senken, Kauen, Schmekken, Schlucken. Wenn dir andere Bezeichnungen angebrachter erscheinen, verwende deine eigenen.

Möglicherweise ziehst du es vor, dich darauf zu konzentrieren, wie sich jede einzelne Handlung anfühlt, anstatt ihr einen Namen zu geben, wie du dies in der namenlosen Gehmeditation getan hast. Iß einfach so langsam wie möglich, und konzentriere dich auf das Essen. Manchmal ist es leichter, dabei die Hand zu verwenden, die man normalerweise nicht verwendet, wodurch die Konzentration auf die Hand, die die Gabel hält, beträchtlich erhöht wird.

Spüre, wie sich das Metall im Mund anfühlt, wie sich die Muskeln bewegen, die mit dem Heben, Kauen und Schlucken verbunden sind. Fühle jede Bewegung deiner Zunge, deine Lippen, deinen Hals. Konzentriere dich auf die Beschaffenheit und den Geschmack aller Bestandteile deines Essens. Spüre so präzise wie möglich. Wie unterscheidet sich der Geschmack der Erbsenhaut von dem Mark der Erbse? Wie nahe ist der Bissen deiner Nase, bevor du ihn riechen kannst? Was bemerkst du sonst noch?

Sei dir wie gewöhnlich deiner Gedanken bewußt, wie sie dir in den Sinn kommen, und lenke dann deine Aufmerksamkeit wieder auf das Essen. Ich verspüre dabei oft die Lust, den nächsten Bissen schon zum Mund zu führen, bevor ich den ersten Bissen fertiggekaut und geschluckt habe. Auf dieses Bedürfnis folgt meist ein leichtes Schuldgefühl wegen meiner Gier. Wenn dir ähnliche Gedanken kommen, notiere sie, gib ihnen vielleicht einen Namen («aha, da kommt wieder die Gier»), laß sie vorübergehen, und widme deine Aufmerksamkeit wieder voll dem Essen. Wenn traurige oder einsame Gedanken auftauchen (besonders wenn du allein ißt), wie es mir bei dieser Meditation häufig geschehen ist, kann einen Moment lang eine der Übungen des Mitgefühls (Seite 116 ff.) sehr angebracht sein.

Eine interessante Übung für Freunde oder Paare ist, sich abwechselnd gegenseitig zu füttern, während man sich still auf die körperlichen und geistigen Empfindungen dabei konzentriert. Für mich erweckt das, wenn ich der Fütternde bin, ein starkes Mitgefühl für den anderen, und wenn ich der Gefütterte bin, Gefühle von Verletzlichkeit und Kindlichkeit.

Bewußtes Autofahren

Das Autofahren ist eines der gefährlichsten Dinge, die wir tagtäglich unternehmen. Dennoch schweifen unsere Gedanken beim Fahren oft in die Vergangenheit oder in die Zukunft ab. Wir sind weit davon entfernt, in jedem Augenblick deutlich der Tatsache bewußt zu sein, daß wir ein tonnenschweres eisernes Gefährt mit hoher Geschwindigkeit durch die Landschaft bewegen. Wir unterhalten uns, hören Radio, essen, trinken oder rauchen, haben dabei «ein Auge» auf die Straße und den Verkehr.

Beim bewußten Autofahren konzentrieren wir unsere Aufmerksamkeit ausschließlich auf die Elemente, die für die Sicherheit des Autofahrens wichtig sind, so intensiv, als hätten wir auf dem Rücksitz die Königin von England oder unsere kranke Großmutter sitzen. Anstatt uns allein auf die Geschwindigkeit zu konzentrieren, müssen wir viele verschiedene Dinge gleichzeitig im Auge behalten: die Straße vor uns, die Position der anderen Autos, unsere eigene Geschwindigkeit, das Wetter und die Straßenverhältnisse.

Sollten wir irgendwelchen Gedanken nachhängen, die nicht ausschließlich dem sicheren Fahren dienen, stellen wir sie einfach fest und lenken unsere Aufmerksamkeit sanft, aber bestimmt wieder auf unser Fahren zurück. Falls dich diese Übung aus irgendwelchen Gründen unsicher machen sollte, brich sie sofort ab. Ich bin jedoch der Überzeugung, daß unsere Straßen weitaus sicherer wären, wenn mehr Menschen regelmäßig diese Übung praktizieren würden.

Andere Meditationen für ein Leben im Jetzt

Ich habe an verschiedenen Stellen bereits geschrieben, daß wir aus jeder beliebigen Aktivität eine Meditation machen können, wenn wir unsere Aufmerksamkeit fest darauf konzentrieren. Versuch das einmal, wenn du dich rasierst, dein Make-up auflegst, dir die Zähne putzt, die Hände wäschst, das Geschirr spülst oder eine andere beliebige tägliche Arbeit verrichtest. (Ich persönlich habe gemerkt, daß es dabei sehr nützlich sein kann, wenn ich die aktive Hand dabei wechsle. Ich bin dann gezwungen, jede einzelne Bewegung ganz bewußt zu machen, und die Zahnputzmeditation wird zu einer echten Herausforderung.)

Achte darauf, daß du ausschließlich an die Aufgabe denkst, die du vor dir hast, und deine Aufmerksamkeit sanft wieder zurücklenkst, sobald du merkst, daß dir andere Gedanken in den Kopf kommen.

Ich mache gern das Händewaschen zu einer Meditation, jedesmal wenn ich tagsüber die Gelegenheit dazu habe. Anstatt die dreißig bis vierzig Sekunden für Pläne, Tagträume oder Sorgen zu verwenden, konzentriere ich mich auf die Empfindungen von Wärme, Nässe, Glätte der Seife, des Spülens und des Trocknens. Anschließend fühle ich mich konzentrierter und entspannter. Vielleicht ist die Reinlichkeit doch eine himmlische Tugend.

Visualisieren

Die Tatsache, daß unser Gehirn und unser Körper so stark auf gedankliche Bilder reagieren, macht die Fähigkeit des Visualisierens zu etwas sehr Wichtigem. Es gibt zahlreiche Beweise dafür, daß uns eine Aktivität, wenn wir sie vorher lange genug visualisiert haben, leichter fällt, wenn wir sie dann zum erstenmal wirklich tun. Dies trifft auf fast alle Gebiete zu, vom Kraftsport bis zur Muskelentspannung, und der Schlüssel zum erfolgreichen Visualisieren scheint darin zu liegen, wie realistisch man sich etwas vorstellen kann. Es macht sich also bezahlt, einige Zeit damit zu verbringen, diese außerordentlich nützliche Fähigkeit zu trainieren.

Der Begriff «Visualisieren» ist eigentlich nicht ganz zutreffend, weil die Technik um so effektiver ist, je mehr Sinne man außer dem visuellen noch in die Aktivität einbeziehen kann. In der folgenden Übung kannst du versuchen, auf geistige Weise einen lebhaften Sinn fürs Sehen, Fühlen, Riechen und Tasten zu entwikkeln.

Wenn du gern mehr über das Visualisieren erfahren möchtest, kann ich für den Anfang drei Bücher empfehlen: «Superlearning», «Erfolg kommt nicht von ungefähr» und «Silva Mind Control» (siehe Bibliographie).

Die Zitronenmeditation

Stell dir vor deinem inneren Auge eine Zitrone vor, so deutlich du kannst – eine Zitrone, so gelb wie die Sonne, die Schale von kleinen Runzeln übersät, ein wenig ölig, wenn man sie anfaßt. Steck deinen Fingernagel in die Schale, und sieh, wie ein Spritzer Zitronenöl in die Luft spritzt. Schäle etwas von der Schale ab, um die weißen Fasern freizulegen, die das saftige, fleischige Innere der Zitrone umhüllen.

Du kannst die Säure der Zitrone riechen, während du tief hineinbeißt und schmeckst, wie es dir den Mund zusammenzieht. Der Speichel läuft dir im Munde zusammen.

Wenn du in der Lage wärst, die Zitrone einigermaßen deutlich vor deinem inneren Auge erstehen zu lassen, würde dir wahrscheinlich das Wasser bereits im Munde zusammenlaufen, bevor du dir überhaupt vorgestellt hast, daß du in die Zitrone hineinbeißt. Darum dreht es sich in dieser Übung.

Die meisten Menschen meinen, daß der Speichelfluß eine Körperfunktion ist, die sich ihrer bewußten Kontrolle entzieht. Dennoch läuft uns das Wasser bereits im Munde zusammen, wenn wir an Zitronen denken. Der bloße Gedanke an den Geschmack von Zitronen regt irgendwie die Speicheldrüsen im Mund an zu sekretieren.

Übe deine Visualisierung mit dieser Zitronenmeditation. Kannst du deine Speicheldrüsen darauf «dressieren», bei dem ersten Gedanken an eine Zitrone zu sekretieren? Oder sogar schon bei der bloßen Erwähnung des Wortes «Zitrone»? Wir werden unsere Fähigkeit zur Visualisierung noch bei vielen weiteren Übungen brauchen, du solltest also noch ein wenig üben.

Was hältst du von ein paar wilden Visualisierungen, nur so zum Spaß? Kannst du Frankensteins Monster visualisieren? Nun stell ihn dir in einem Smoking vor. Nun tausche den Smoking mit einem gelben Ballettröckchen. Laß ihn Charleston tanzen, und dann ersetze ihn durch Robert Redford. Ein Mordsspaß.

Die Meditations-Visualisierungsübung

Diese Übung ist eine Vorübung für die Meisterübung am Ende des Buches. Du brauchst dir lediglich mehrmals täglich zwanzig oder dreißig (oder mehr) Sekunden zu nehmen und dir *vorzustellen*, daß du eine der Dreiminutenmeditationen in deinem Alltag praktizierst. So kannst du dir zum Beispiel vorstellen, wie du auf dem Rückweg von der Mittagspause an den Schreibtisch eine

Gehmeditation machst. Versuche dir die eingebildete Szene so klar wie möglich vorzustellen. Fühle, wie deine Füße den Boden berühren und dein Daumen sanft am Mittelfinger anliegt. Schau dir deine Umgebung an, und höre oder rieche alle Geräusche und Gerüche, die dazugehören.

Nachdem du das ein paarmal getan hast, versuche zu visualisieren, wie du von der Meditation Gebrauch machst, um mit einer etwas streßvolleren Situation fertigzuwerden. Vielleicht kannst du dir *vorstellen*, wie du auf dem Weg zum Chef oder zu einer Verabredung mit einem oder einer Unbekannten eine Gehmeditation praktizierst.

Sobald du dich mit einer dieser Meditationen angefreundet hast, schlage das Ende des Buches auf, und versuche die Übung «Meisterschaft»!

Visualisieren und Gesundheit

Seit vielen tausend Jahren demonstrieren indische Fakire ihre Fähigkeit, verschiedene Körperfunktionen auf erstaunliche Weise zu kontrollieren. Mit Hilfe meditativer Techniken kann ein erstklassiger Fakir Atmungs- und Kreislauffunktionen für längere Zeit aussetzen, und selbst ein Allerweltsfakir kann auf einem Nagelbett liegen oder durch glühende Kohlen laufen. Es scheint also, als hätte der Geist eine weit höhere Kontrolle über den Körper, als im Westen allgemein angenommen wird.

Es gibt einige neue psychosomatische Disziplinen in der Medizin, die sich mit diesen Zusammenhängen beschäftigen, wie zum Beispiel die «Psycho-Neuro-Immunologie» (PNI). Wenn Menschen ihre Drüsensekretion einschließlich des Speichelflusses (wie du es gerade in der Zitronenübung getan hast) unter ihre bewußte Kontrolle bringen können, sollten wir dann nicht auch in der Lage sein, andere endokrine Funktionen einschließlich der Wiederherstellung eines gestörten Immunsystem zu steuern? Es gibt erste Hinweise darauf, daß dies möglich ist, und die Visualisierung ist der zentrale Schlüssel dazu. Wenn du an diesem Thema interessiert bist, empfehle ich Joan Borysenkos Buch: «Die Kunst, sich selbst zu mögen» und Bernie Siegals «Liebe, Medizin und Wunder» (siehe Bibliographie).

Natürlich zeigen sich Verbindungen zwischen Körper und Geist nicht nur auf exotische und wundersame Weise. Jedesmal, wenn du einen Finger hebst oder einen Schritt weitergehst, motiviert ein Gedanke, ein geistiger Akt, eine physische Reaktion in deinem Körper. Die gewöhnlichen Dinge, die wir täglich tun, erscheinen uns oft zu banal im Vergleich zu den Wundern, die einige andere Menschen vollbringen. Aber ist die Fähigkeit, *nicht* zu atmen, denn wirklich soviel eindrucksvoller als ihr Gegenteil? Nur weil jeder es kann, ist es trotzdem nicht weniger magisch.

Entspannung

In der Lage zu sein, die Muskeln willentlich zu entspannen, ist eine nützliche Fähigkeit, und die Visualisierung kann dabei helfen. Am Anfang findest du es vielleicht am leichtesten, die Übung im Bett zu praktizieren, mit dem Gesicht zur Decke und den Armen an der Seite. Nimm dir soviel Zeit wie nötig, wenn du es die ersten Male tust, mindestens zehn oder zwanzig Minuten.

Balle beide Hände zu Fäusten. Presse deine Finger fest in die Handflächen, so daß du die Spannung von den Handgelenken bis hinauf in die Unterarme spürst. Halte die Spannung fünf oder sechs Sekunden, und laß anschließend los. Wenn du deine Hände ganz entspannt hast, mach erneut eine Faust, halte sie genauso lange fest, und entspanne dich dann wieder. Diesmal sagst du, wenn du die Spannung losläßt: «Warm und schwer, warm und schwer» und visualisierst, wie sich deine Hände warm und schwer anfühlen und träge in das weiche Bett sinken. Ich stelle mir gern vor, meine Hände sind aus Quecksilber oder geschmolzenem Blei, warm, weich und schwer, sehr schwer.

Führe denselben Vorgang – Anspannen und Entspannen, Anspannen und Entspannen, warm und schwer (mit den entsprechenden Visualisierungen) – mit sämtlichen größeren Muskelgruppen deines Körpers durch. Nach den Händen nimm die Füße, die Waden, die Hüften, die Pobacken, den Bauch, die Brust, die Arme, die Schultern, den Hals, den Kiefer und die Augen. Anspannen und Entspannen, Anspannen und Entspannen, warm und schwer, warm und schwer. Versuche im ganzen Körper ein möglichst entspanntes Gefühl zu erzeugen.

Sobald du dich wirklich entspannt fühlst, stell dir vor, du bist an einem sehr friedlichen Ort, einem Platz, der für dich der Inbegriff der Entspannung ist. Versuche dir ein möglichst deutliches inneres Bild dieses Ortes zu machen, einschließlich des damit verbundenen Gefühls, der Geräusche, der visuellen Eindrücke, der Gerüche und der Geschmacksempfindungen. Erinnere dich an so viele Details wie möglich. Ich visualisiere gern einen idyllischen tropischen Strand. Ich spüre die warme Sonne, die kühle Brise und den Sand unter mir, während ich zu den im Wind wiegenden Palmwipfeln hinaufschaue. Ich höre die Wellen rauschen und kann die salzige Gischt vom Meer riechen, ja beinahe schmecken.

Wenn du diese Übung ein paarmal getan hast, wirst du merken, daß du in der Lage bist, deinen persönlichen Ort der Entspannung in der Vorstellung zu erschaffen und dich vollkommen entspannt zu fühlen, auch ohne oder nur mit verkürzter Anspannungs- und Verspannungsübung. Mit etwas Übung wirst du in der Lage sein, an deinen Entspannungsort zu gelangen, indem du nicht mehr als ein oder zwei Sekunden an ihn denkst. Immer wenn du im Streß bist, wirst du einen kleinen, entspannenden Kurzurlaub nehmen können, ohne dich von der Stelle zu bewegen.

Mitgefühl

Mitgefühl ist das Herz der Meditation. Ohne Mitgefühl droht die Meditation zu einer bloßen Aktivität zu verkommen, die wir «falsch» oder «nicht oft genug» machen oder bei der wir «schneller zu greifbaren Ergebnissen kommen» müßten.

Es ist wichtig, anhand folgender Kriterien Mitgefühl von Mitleid zu unterscheiden. Beim Mitleid spielt immer auch die Angst, die man um sich selbst hat, eine Rolle. Wir sehen ein Unfallopfer, und unser Mitleid ist mit der Angst durchsetzt, daß uns dasselbe passieren könnte. Zum Mitgefühl gehört die demütige Annahme alles Menschlichen, das uns verbindet. Negatives wird nicht ausgegrenzt und nicht zu etwas gemacht, das möglichst immer nur den anderen passiert.

Dies sind relativ feine Unterschiede, und möglicherweise werden sie dir helfen, in deinen eigenen Gefühlen zwischen Mitgefühl und Mitleid zu trennen. Es folgen einige Übungen zur Sensibilisierung des Mitgefühls, die ich sehr nützlich und befriedigend finde.

Die Kiemen des Herzens

Ich erinnere mich, wie mir eines Abends, als ich neben meinem tropischen Aquarium meditierte, diese Meditation – oder zumindest das Bild, das sie inspiriert hat – in den Sinn kam. Auge in Auge mit meinem Lieblingsfisch, einem «Engelfisch», stellte ich mir vor, daß mein Herz Kiemen hat, durch die es Mitgefühl verströmen kann. Mit jedem Atemzug durchwogt mich eine Welle des Mitgefühls, reinigt mich von allen Schmerzen und Gedanken des Selbsthasses und erfüllt mich mit Mitgefühl.

Obwohl dies aus analytischer Perspektive lächerlich erscheint, ist das damit verbundene Gefühl etwas sehr Befriedigendes. Du brauchst nichts weiter zu tun, als das Ein und Aus deines Atems von der Nase zum Herzen zu verlagern. Visualisiere dort deine Kiemen, wie die Kiemen eines Fisches, nur direkt über dem Herzen in deiner Brust, und laß das Mitgefühl dich durchströmen, so, wie das Wasser den Fisch mit lebensspendendem Sauerstoff durchströmt. Wie bei allen anderen Meditationen solltest du auch hier, wenn dir andere Gedanken kommen, sie einfach registrieren und sanft wieder zum Bild der Herzkiemen zurückkehren.

Wie du siehst, ist es nicht schwer, selbst Meditationsformen zu entwickeln. Sie müssen nicht immer in irgendeiner Form traditionell sein und brauchen noch nicht einmal Sinn zu machen. Sie müssen sich lediglich richtig für dich anfühlen.

Die Ah-und-Oh-Meditation

Diese Meditation beinhaltet sowohl Staunen als auch Leiden, indem man sieht, daß beide sich gegenseitig bedingen. Wie sollten wir angesichts der Schönheit und Großartigkeit dieser Welt nicht ins Staunen geraten, aber auch Schmerz empfinden ob der Vergänglichkeit alles Seienden. Und in einer Welt, die erfüllt ist von Staunen und Schmerz, wie können wir da nicht Mitgefühl empfinden für alles, was hier zu leben hat?

Während du einatmest, sage dir innerlich ein «Ah», das «Ah» des Ausgehens an einem wunderschönen Frühlingsmorgen oder der Betrachtung eines Sonnenuntergangs über dem Ozean.

Während du ausatmest, kannst du ein «Oh» seufzen, das «Oh» angesichts von Kriegen in der Welt und Scharen von Obdachlosen auf der Suche nach Nahrung im Abfall. «Ah, Oh, Ah, Oh». Das Leben in dieser seltsamen, reizvollen, schrecklichen, unergründlichen Welt ist mit Schmerzen verbunden. Beides ist untrennbar miteinander verwoben. Wir können gar nicht genug Mitgefühl aufbringen für alle Kreaturen, die hier existieren müssen, einschließlich unserer selbst.

Die Vergebungsmeditation

Diese Meditation ist sehr einfach, jedoch nicht immer leicht. Stell dir jemanden vor, von dem du meinst, daß er dich irgendwie verletzt oder dir Unrecht getan hat. Vorerst ist es wichtig, jemanden zu nehmen, auf den du nicht mehr böse bist. Visualisiere diese Person so klar, wie du kannst, und sage ihr: «Ich vergebe dir. Ich vergebe dir, daß du mich verletzt und mir Unrecht getan hast.»

Wiederhole das ein paarmal und versuche, das Vergeben zu fühlen. Versuche zu spüren, wie du die Überreste des Grolls oder der Selbstgerechtigkeit der Person gegenüber losläßt. Wenn du nicht ganz sicher bist, mit wem du bereit bist, diese Übung zu tun, dann solltest du sie erst einmal nur mit jemandem tun, der dich nur unwesentlich verletzt hat – ein Autofahrer, der dich auf der Autobahn etwas ausgebremst hat, oder eine Kassiererin, die dich um ein paar Pfennige betrogen hat. Mit etwas Übung wirst du irgendwann in der Lage sein, die Übung mit Menschen durchzuführen, die dir erhebliche Schmerzen zugefügt haben.

Es ist wichtig, daran zu denken, daß einer Person zu vergeben nicht heißt, daß man ihr Verhalten gutheißt oder akzeptiert. Du vergibst der Person, nicht ihrem Verhalten. Das Loslassen des Grolls und des Gefühls, schlecht behandelt worden zu sein, ist ein äußerst befreiendes Erlebnis.

Die nächste Übung hängt mit der vorangegangenen zusammen und kann das Gefühl für Vergebung erleichtern. Du kannst auch die beiden Übungen kombinieren und dadurch ein besseres Verständnis und gesteigertes Mitgefühl für den Menschen, auf den sich deine Meditation bezieht, gewinnen.

Die Ich-Du-Meditation

Der jüdische Theologe Martin Buber prägte den Begriff des «Ich-Du», um auf eine Beziehung hinzuweisen, in dem du (das «Ich») dich auf eine andere Person beziehst mit dem Verständnis, daß der andere ebenso viele Gefühle und Bedürfnisse, Ängste und Wünsche sowie das Recht, sie zu verfolgen, hat wie du. Buber stellt dies in Gegensatz zur «Ich-Es»-Beziehung, in der du so handelst, als sei dein Gegenüber ein Ding, dessen wesentliche Bestimmung im Leben ist, dir zur Befriedigung deiner Bedürfnisse zu dienen.

Es ist leicht, selbstgefällig zu sein und zu sagen: «Aber ich tue so etwas nicht». Aber wie oft, besonders wenn du in Eile bist, erscheint dir die Kassiererin im Supermarkt oder der Tankwart als eine wirkliche, ganze Person mit ihrer eigenen Geschichte und ihren Gefühlen? Wenn sich jemand vor dir in die Schlange drängelt, nimmst du ihn dann als eine Person wahr, die ihre eigenen Probleme, Ängste und Bedürfnisse hat, ebenso wie du, oder ist es dann für dich nur ein unhöflicher Rüpel, der sich zwischen dich und den Süßigkeitentresen drängt? Kannst du sehen, daß die attraktive Frau oder der gutgebaute Mann, die über die Straße gehen, ein vollständiges eigenes, selbstbestimmtes Leben haben und nicht nur Objekt deiner visuellen Begierde und sexuellen Phantasien sind?

Beginne, indem du jemanden auswählst, den Bankangestellten oder die Vertreterin, und versuche dir die Person als ein «Du» vorzustellen statt eines «Es». Mit ein wenig Übung wirst du in der Lage sein, dasselbe mit einem unaufmerksamen Kellner, einem aggressiven Bettler oder einem Politiker zu tun, der einer anderen Partei angehört als du. Und wenn du das tust, wird dir das gleichzeitig mit der nächsten, überaus wichtigen Übung helfen.

Die Übung des Mitgefühls

Stell dir vor, du bist ein kleines Kind, so früh in deiner Kindheit, wie du dich überhaupt erinnern kannst. Visualisiere deine Kindheit so klar wie möglich und sende deine Liebe und dein Mitgefühl zu diesem kleinen Kind. Nimm es in die Arme oder auf liebevolle, mitfühlende Weise an der Hand. Sieh vor deinem geistigen Auge, wie du dich selbst als Kind umarmst.

Wenn dir andere Gedanken außer Liebe und Mitgefühl kommen, richte deine Aufmerksamkeit sanft wieder zurück auf das Verständnis und die Einfühlsamkeit, die du für dich als Kind hast.

Vielen Menschen fällt es schwer, leidenschaftliches Mitgefühl für sich selbst aufzubringen. Praktiziere die Übung mit so viel liebevoller Freundlichkeit, wie du nur aufbringen kannst, und versuche, nicht ungeduldig zu werden, wenn es schwierig wird. Kannst du sehen, wie absurd es ist, wenn du dich selbst verurteilst, weil du nicht in der Lage bist, die Übung des Mitgefühls für dich selbst perfekt genug zu machen? Tu sie einfach, so gut du kannst, und sieh, wie sie mit der Zeit immer leichter wird.

Ich ertappe mich oft dabei, wie sich während der Übung Urteile einschleichen wie: «Ich verdiene das gar nicht» oder: «Das Kind wird ein harter Brocken sein». Ich habe reichlich Übung darin, solche Gedanken schnell zu bemerken, und habe gelernt, sie als Sprungbrett zu benutzen, um meinem Mitgefühl neuen Schwung zu verleihen. Anstatt den Schmerz noch zu erhöhen, kann man so die selbstzermürbenden Gedanken umkehren und zum Wegbereiter erneuerter Selbstliebe umfunktionieren, indem man sagt: «Ich habe es mir so lange selbst so schwer gemacht, daß ich kaum imstande bin, diese Übung durchzuführen. Ich brauche soviel Liebe und Mitgefühl, wie nur irgend möglich.»

Als nächstes stell dir vor, du bist ein heranwachsendes Kind, und tu dasselbe noch einmal. Vergiß nicht, dich fest zu umarmen, zumindest in deiner Vorstellung. Stell dir deine Pubertät vor (ein Lebensabschnitt, in dem du besonders viel Liebe, Zuneigung und Umarmungen brauchst), und bewege dich in Schritten von fünf oder zehn Jahren, bis du dein gegenwärtiges Alter erreichst. Wende dieselbe Übung auf dich im gegenwärtigen Alter an, wie du sie auf dein kindliches Selbst angewendet hast. Sonne dich in Liebe und Mitgefühl, und umarme dich inniglich. Diesmal kannst du dich nicht nur in deiner Phantasie, sondern körperlich liebevoll selbst umarmen, indem du deine Arme um die eigenen Schultern schmiegst.

Wenn du innere Widerstände bei dieser Übung verspürst, schau genau hin, worum es sich handelt. Wie fühlst du dich? Kannst du das «Ich-Du»-Gefühl leichter für andere als für dich selbst aufbringen? In welcher Weise berührt dich diese Tatsache? Möglicherweise mußt du zuerst die Vergebungsmeditation für dich selbst praktizieren oder für deine Eltern, die dich gelehrt haben, dir selbst gegenüber lieber selbstkritisch als mitfühlend zu sein. Wenn es dir überhaupt nicht gelingen will, die Übung durchzuführen, schau dir Theodore Isaac Rubins Buch «Sich selbst annehmen» an.

Zen des Nichtwissens

Im Mittelpunkt der traditionellen japanischen Zen-Meditation steht der «Koan», eine Frage ohne rationale Antwort. Einige der beliebtesten traditionellen Koans sind:

«Wie klingt das Klatschen einer einzelnen Hand?»

«Wie sah vor der Geburt deiner Mutter dein Gesicht aus?»

«Kann ein Hund zur Erleuchtung gelangen?»

Beobachte deine Gedanken, während du dich auf eine dieser Fragen konzentrierst. Suchst du krampfhaft nach einer Antwort? Möchtest du am liebsten die Übung abbrechen, weil du die Frage lächerlich findest?

Versuche, ein Gefühl für dein Nichtwissen zu bekommen. Möglicherweise fühlt es sich anfänglich etwas sonderbar an, aber laß einfach zu, daß du nichts weißt. Achte auf das leere, weite Gefühl eines Verstandes, der nichts weiß. Ein Verstand, der nichts weiß, hat Platz für absolut alles.

Die am häufigsten verwendete Geschichte, um das zu illustrieren, erzählt von dem Wissenschaftler, der einen buddhistischen Lehrer besucht, um den Buddhismus aus wissenschaftlicher Sicht zu erklären. Bevor sie beginnen, schlägt der Buddhist vor, einen Tee zu trinken. Er füllt die Schale des Wissenschaftlers randvoll, macht eine kurze Pause, und gießt dann noch mehr Tee in die Tasse. Der Wissenschaftler springt auf, weil ihm der heiße Tee auf den Schoß kleckert. «Eine Teeschale, die zu voll ist», sagt der Buddhist, «kann nichts weiter aufnehmen. Ebenso ist es mit dem Geist».

Der Satz Jesu: «Bevor Abraham war, war ich» (Joh. 8,58) ist ein wunderbarer christlicher Koan. Das Wort, das Jesus in diesem Satz für «Ich bin» verwendete, ist identisch mit dem heiligen Namen Gottes. Das paßt sehr gut zu einigen Gedankengängen, auf die ich später in dem Abschnitt «Ich bin» zu sprechen kommen werde.

Die Nichtwissen-Meditation

Nachdem du dich mit den Koans auseinandergesetzt hast, denke an eine Situation aus deinem eigenen Leben, deren Ausgang nicht vorhersehbar ist. Es kann etwas Harmloses sein wie: «Ob wir das Spiel heute abend gewinnen werden?» oder etwas Ernsthaftes wie: «Ob ich sie heiraten soll?» oder: «Wie lange werde ich wohl noch leben?»

Konzentriere dich auf diese Frage, und behalte dabei das Gefühl für dein eigenes Nichtwissen bei. Achte auf Versuche, etwas rational vorhersagen zu wollen («Unser Mittelstürmer ist erkältet, aber bei den anderen ist der Torwart auch nicht ganz auf dem Damm»), und kehre wieder zu der inneren Haltung des Nichtwissens zurück. Beobachte deine Gedanken, wie sie zwischen der Suche nach einer Antwort und der Haltung des Nichtwissens hin und her schwanken.

Versuche, dem Nichtwissen in deinem Alltag einen größeren Platz einzuräumen. Wirst du den Bus noch bekommen? Ich weiß nicht. Und das ist auch in Ordnung. Wirst du die Gehaltserhöhung bekommen? Keine Ahnung. Und auch das ist in Ordnung.

Du kannst mit allen Mitteln versuchen, den Bus noch zu bekommen oder dir die Gehaltserhöhung zu sichern, aber gleichzeitig die innere Haltung bewahren, daß du nicht weißt, ob es geschehen wird oder nicht. Eine letzte Frage noch – oder vielmehr ein Koan: Wirst du die Meditation zu einem beständigen Teil deines Lebens machen? Weiß ich nicht. Auch das ist in Ordnung.

Urteilen: ein zweischneidiges Schwert

Der menschliche Geist liebt es zu urteilen. Leider sind Urteile jedoch immer zweischneidig. Einerseits kann dein Urteil mit der Schärfe deines Verstandes vieles lösen, aber auf der anderen Seite ist es sehr gefährlich, über etwas zu urteilen, und du kannst dich leicht ins eigene Fleisch schneiden.

«Richtet nicht, auf daß ihr nicht gerichtet werdet», ist ein Rat, der sich gut auf den menschlichen Verstand anwenden läßt. Wenn wir zulassen, daß wir in Gedanken über andere Menschen und Geschehnisse richten, wird unser Denken zu einem Bumerang, der irgendwann zurückkehren wird und dazu führt, daß wir ebenfalls gerichtet werden. Das Schwert unserer Urteilskraft schneidet nach beiden Seiten.

Zu lernen, nicht vorschnell zu urteilen, hat zwei große Vorteile: Erstens werden wir, wenn wir beginnen, uns mit unseren Urteilen zurückzuhalten, auch uns selbst weniger oft verurteilen und verständnisvoller für uns selbst sein. Die Urteilsübung und die Übung zum Mitgefühl ergänzen sich.

Zweitens werden wir, wenn wir versuchen, uns mit dem Urteil über Gedanken und Ereignisse zurückzuhalten, herausfinden, daß nicht – wie Carlos Castanedas Don Juan sagt – «alles, was uns gefällt, zum Segen, und alles, was uns nicht gefällt, zum Fluch» für uns wird, sondern beides zur Herausforderung. Unsere Herausforderung ist es, jeden Gedanken und jedes Ereignis in unserem Leben dazu zu nutzen, uns auf unserem Weg zur Erleuchtung ein Stück weiterzubringen.

Das ist eine große Aufgabe. Vielleicht wird sie tatsächlich hunderttausend Mahacalpas dauern (siehe: Wie lange soll es dauern? Seite 45). Aber die Übungen «Grenzen erweitern» und «Urteilen» werden uns helfen, dort anzufangen, wo wir jetzt stehen.

Die Gedankenbeurteilungsmeditation

Diese einfache kleine Übung funktioniert so ähnlich wie die Gedankenetikettiermeditation, sie ist sogar noch leichter. Anstatt jeden einzelnen Gedanken zu beobachten und ihn in die entsprechende Kategorie einzuordnen, beobachtest du nur deine Gedanken und teilst sie ein in positive (Gedanken, die du magst), negative (Gedanken, die du nicht magst) und neutrale (Gedanken, für die du kein besonderes Gefühl hast). Wenn du merkst, daß du dich innerlich an dem Inhalt des jeweiligen Gedankens beteiligst («Dieser Wagen ist ja wirklich schick. So einen hätte ich gerne. Ich könnte ja meinen alten in Zahlung geben...»), dann stelle freundlich fest, wie du dich dabei fühlst, wenn du in Inhalte verwickelt wirst, und kehre wieder zurück zu deiner Beurteilung: positiv, negativ und neutral.

Wenn du einmal darauf achtest, wie dein Denken ständig zwischen Dingen, die es mag, und solchen, die es nicht mag, unterscheidet, und dich nicht in die Emotionen des Mögens und Nichtmögens verwickeln läßt, wird dir das dabei helfen, mit den Dingen des Lebens fertigzuwerden. Anstatt dich zu fragen: «Mag ich das eigentlich?», beginnst du zu fragen: «Wie kann ich mich am besten dieser Herausforderung auf eine Weise stellen, die mir auf meinem Weg, für den ich mich entschieden habe, hilft?».

Ich hoffe, daß du anfängst zu sehen, wieviel befriedigender, ruhiger und vorurteilsfreier ein meditatives Leben ist. Du wirst immer mehr merken, daß du ruhiges Annehmen (was nicht heißt Resignation) kopflosem Kampfgetümmel und damit einfühlsames Verständnis dem Ärger vorziehst. Immer wenn du einen «Rückfall» hast und anfängst zu schreien und zu toben oder deprimiert bist, wirst du in der Lage sein zu merken, was in dir vorgeht, und sanft, mit sehr viel Mitgefühl, deine Gedanken wieder auf den Weg der Meditation zurücklenken.

Das Leben nehmen, wie es ist

Was an dir magst du nicht besonders? Such dir einen bestimmten Punkt aus. Dabei ist es leichter, mit etwas Körperlichem zu beginnen als mit etwas Psychischem. Ich praktiziere diese Übung am liebsten vor dem Spiegel und konzentriere mich auf die Extrapfunde, die sich hartnäckig in meiner Körpermitte breitmachen, ganz gleich, wieviel Sport ich treibe. Nun gestatte dir, wenn auch nur für die drei Minuten dieser Übung, alles, was du an dir nicht magst, vorbehaltlos zu akzeptieren. Achte auf deine Gedanken. Regt sich Widerstand? Aller Wahrscheinlichkeit nach ja. Aber die nächsten Übungen werden dabei helfen.

Nachdem du diese Übung in Hinblick auf den Körper getan hast, versuche etwas Unsympathisches an deiner Psyche zu akzeptieren. Ich nehme oft meine Selbstgerechtigkeit.

Versuche für einen Moment, dein Akzeptieren auf eine äußerliche Bedingung zu lenken, die du nicht magst. Du kannst ein gesellschaftliches oder politisches Thema nehmen oder etwas aus deiner Arbeit oder deinem Alltag. Laß es in Ordnung sein, so, wie es ist, nur für drei Minuten.

Diese Dinge zu akzeptieren heißt nicht, daß du in naher oder ferner Zukunft nicht versuchen wirst, sie zu ändern. Es heißt lediglich, daß du ihnen gestattest, in diesem Moment zu existieren, ohne Selbsthaß oder Vorbehalte. Da es sie nun einmal gibt, tust du besser daran, sie anzuerkennen und für den Moment zu akzeptieren.

Alles kann mit viel größerer Leichtigkeit erledigt werden, wenn unsere Gedanken nicht durch Vorurteile und Vorbehalte getrübt sind. Wenn wir mit weniger Vorbehalten und mehr Akzeptanz leben können, benötigen wir nicht mehr soviel Ärger und Selbsthaß, um innerliche und äußerliche Veränderungen herbeizuführen. Wir können einfach *tun*, was am angebrachtesten erscheint.

Schmerz und Widerstand –
ein Teufelskreis

Stell dir vor, du kämpfst dich durch einen riesigen Dornbusch. Je mehr du dich anstrengst, desto schlimmer verletzt du dich an den Dornen. Mit dem Schmerz ist es oft so: Je mehr wir uns widersetzen, desto schlimmer wird es. Und je schlimmer es wird, desto mehr widersetzen wir uns.

Zu lernen, sich in Gegenwart von Schmerzen zu entspannen und nachgiebig zu werden, ist schwierig, aber lohnend. Wenn es uns gelingt, werden wir uns wahrscheinlich viel wohler fühlen, der Schmerz wird nachlassen, sobald wir aufhören, uns dagegen zu sträuben. Irgendwann werden wir womöglich merken, wie unsere Versuche, Schmerzen zu vermeiden, sie letztlich verursachen.

An die Grenzen gehen

Natürlich ist es schwer, dem Schmerz keinen Widerstand entgegenzusetzen. Obwohl einige berühmte Gurus scheinbar vollkommen jenseits allen Schmerzes sind, selbst wenn es um Leben und Tod geht, haben wir noch ein gutes Stück vor uns, bis wir nicht mehr über einen angestoßenen Zeh, eine verpatzte Gelegenheit oder einen LKW, der dauernd auf der linken Spur fährt, fluchen.

Seien wir also realistisch. Würde ein Boxmanager seinen jungen, vielversprechenden Zögling, der gerade die Bezirksmeisterschaften glänzend gemeistert hat, in einem Kampf gegen den amtierenden Olympiasieger verheizen? Er wäre verrückt, wenn er es täte, und würde die Karriere seines Schützlings aufs Spiel setzen. Statt dessen wird er den jungen Boxer gegen eine Reihe von herausfordernden, aber nicht unbesiegbaren Gegnern boxen lassen.

Wenn wir uns mit unseren neuen meditativen Fähigkeiten den Herausforderungen des Alltags stellen, werden wir ebenfalls mit den kleinen beginnen. Wir werden versuchen, angesichts des Schmerzes über ein mißlungenes Abendessen innerlich gefaßt und nachgiebig zu bleiben und nicht gleich mit Gedanken an eine Scheidung spielen. Wir werden uns erst einmal darin üben, einem unhöflichen Busfahrer zu vergeben, anstatt uns gleich an unserem ärgsten geschäftlichen Konkurrenten oder unserem bestgehaßten Verwandten zu versuchen. Wir werden eine Haltung des Nichtwissens erst einmal darüber pflegen, ob unser Freund pünktlich um acht erscheinen wird, um ins Kino zu gehen, anstatt sie gleich darauf anwenden zu wollen, ob wir den neuen Job, den wir uns so sehr wünschen, bekommen oder nicht.

Vielleicht sollten wir versuchen, unsere Gedanken in einem Moment zu beobachten, in dem uns Eifersucht beschleicht, weil ein Freund ein Kompliment bekommt, das wir gern selbst bekommen hätten. Anstatt uns dafür wie üblich zu schelten («Wie kann ich nur so eifersüchtig sein! Er ist doch mein Freund! Was für ein schlechter Mensch ich doch bin…»), können wir möglicherweise den eifersüchtigen Gedanken mit einem Schuß Mitgefühl betrachten und ihn dann loslassen – nur für einen Augenblick…

Dann werden wir, wenn wir eines Tages Angst haben, statt uns wie üblich vollkommen von den Inhalten unserer furchtsamen Gedanken gefangennehmen zu lassen, einfach eine Übung zur Klärung unserer Gedanken praktizieren und ein paar Augenblicke der Entspannung und Klarheit gewinnen.

Wenn wir bei scheinbar kleinen alltäglichen Herausforderungen die Dreiminutenmeditation und ihre verschiedenen Übungen einsetzen, kann uns das enorm helfen. Jedesmal wenn wir auf meditative Weise reagieren, statt in unsere alten Gewohnheiten des Urteilens, der Ungeduld, des Ärgers oder des Widerstandes zurückzufallen, kommen wir an unsere Grenzen und erweitern sie ein wenig. Nach und nach entwickeln wir die Fähigkeit zu einem mitfühlenden und entspannten Leben, unserer Gedanken bewußt, aber nicht von ihnen beherrscht.

Wahrheitssuche statt Selbstschutz

Eine der wichtigsten Methoden, um unsere Grenzen zu erweitern, besteht darin herauszufinden, was in Wahrheit mit uns los ist, statt zu versuchen, uns vor allem, was weh tut, zu schützen. Das wäre natürlich viel leichter, wenn die Wahrheit immer angenehm wäre.

Leider tut die Wahrheit oft weh. Einmal, weil sie unseren Vorstellungen, wie ein «guter Mensch» zu sein hat, widerspricht, und dann, weil sie unseren Vorstellungen von uns selbst widerspricht.

Als Kinder haben wir eine ziemlich genaue Vorstellung davon entwickelt, wer wir sind: unser Selbstbild. Für die meisten wird dieses Selbstbild etwas, woran sie um jeden Preis festhalten müssen, ob angebracht oder nicht.

Ich lernte beispielsweise schon frühzeitig, daß Jungs hart im Nehmen sein müssen, und weinte daher niemals. Als Heranwachsender war ich dann gezwungen, ängstliche oder traurige Gefühle zu unterdrücken, weil sie nicht mit meinem Selbstbild zu vereinbaren waren. Ich stellte mich allen Rowdys in der Nachbarschaft zum Kampf, weil ich mich sonst nicht männlich genug gefühlt hätte und mich selbst hätte hassen müssen. Ebenso mußte ich sämtliche Gefühle von Liebe und Abhängigkeit meiner ersten Freundin gegenüber verneinen, weil sie nicht in mein Bild von einem «coolen Typen» gepaßt hätten.

Ein anderes Beispiel ist mein Verhältnis zur Musik. Obwohl ich als Kind Musik geliebt hatte, wurde ich, als ich in den Stimmbruch kam, mit Schimpf und Schande aus dem Schulchor geworfen und bekam gesagt, daß ich nicht singen könne. Anstatt mich dem Schmerz und dem Ärger, den dies in mir verursachte, zu stellen, entschloß ich mich irgendwie, (dem Vorbild meines Vaters entsprechend) kein Gehör zu haben, und fand das gar nicht so schlimm. Es schien zu einem jungen Macho zu passen.

Ich begann, den Musikunterricht zu schwänzen, machte mich lustig über die anderen, die sich im Schulchor und im Orchester engagierten, und hielt mich für etwas Besseres. Ich ignorierte völlig die Tatsache, daß ich ein musikalischer Mensch war und immer noch sein könnte.

Nach sieben Jahren selbstgewählter Unmusikalität in den späten sechziger Jahren, der beeinflußbarsten Zeit meines Lebens, kaufte ich mir eine Mundharmonika, die ich auf eine Reise per Anhalter nach Alaska mitnahm. Die Tatsache, daß mich keiner, der mich mitnahm, kannte, machte es mir leichter, gegen mein unmusikalisches Selbstbild anzugehen (obwohl sicher einige meiner Mitfahrten durch mein stümperhaftes Spiel erheblich verkürzt wurden).

Der wichtige Teil der Geschichte ist jedoch, daß ich mir sieben Jahre lang selbst die Freuden des Musizierens vorenthielt, weil ich mehr daran interessiert war, einen bestimmten Zug meines Selbstbildes aufrechtzuerhalten, statt danach zu suchen und zu lernen, wer ich in Wahrheit bin.

Wahrheit und Selbstschutz in Beziehungen

Der Konflikt zwischen Wahrheit und Selbstschutz ist der sicherste Verursacher von Schmerzen in unseren zwischenmenschlichen Beziehungen. Sowohl innerhalb der Familie als auch in Liebesbeziehungen wurde ich früher immer wütend, sobald ich auch nur einen Anflug des Gefühls, zurückgewiesen zu werden, verspürte. Die Wut führte natürlich dazu, daß sich die Kluft noch vergrößerte, was mir noch mehr das Gefühl gab, nicht angenommen zu werden, worauf ich wiederum noch mehr wütend werden konnte. Als ich fähig wurde, meine Gefühle zu erkennen und ihren Schmerz anzunehmen, konnte ich mehr und mehr mit Hilfe der Übung meines Mitgefühls Trost finden oder meine Gefühle der betreffenden Person mitteilen.

Einfache Übungen zu Schmerz und Widerstand

Diese Übungen befassen sich damit, den eigenen Schmerz in den Brennpunkt der Meditation zu stellen. Wenn wir schmerzliche Empfindungen beobachten, werden wir versuchen, trotzdem innerlich nachgiebig zu bleiben, anstatt uns wie üblich zu verspannen.

Da es beinahe unmöglich ist, sich ohne vorherige ausgiebige Übung bei schweren Schmerzen zu entspannen, beginnen wir, indem wir uns mäßigen, kontrollierten Dosen von Schmerz aussetzen. Vergiß nicht, daß diese Übungen kein zähneknirschender Wettbewerb sind, sondern mit viel Vorsicht und Mitgefühl angegangen werden sollten. Wenn du merkst, daß du versuchst, bei den Übungen hart zu bleiben, solltest du dich erst noch einmal dem Abschnitt über Mitgefühl zuwenden.

Die Chilimeditation

Ich liebe scharfes Essen. Manchmal esse ich so scharf, daß es schon fast an Schmerzen grenzt. Mein Mund und meine Lippen brennen, und ich wünsche, ich hätte es nicht so übertrieben. Obwohl ein zu starker Gebrauch von Chilipfeffer oder scharfem Paprika zeitweise weh tun kann, ist er doch nicht schädlich, und die Schmerzen gehen schnell vorüber. Er eignet sich daher gut, um sich angesichts von Schmerzen nicht zu verspannen und zu verhärten.

Wenn du gern scharf ißt, sei vorsichtig. Schon ein paar Tropfen Tabascosoße können eine stärkere Reaktion bei dir hervorrufen, als dir vielleicht lieb ist. Vergiß nicht, daß dies keine Mutprobe sein soll.

Laß dir beim Essen Zeit, um eine Meditation zur Klärung der Gedanken zu tun, und würze dein Essen mit ein wenig mehr Chili als gewöhnlich. Versuche dich auf die Schmerzempfindung genauso zu konzentrieren, wie du das mit den anderen Gegenständen deiner Meditation getan hast.

Achte auf deine Gedanken. Möchtest du am liebsten gleich ein Glas Wasser hinterherstürzen, den Kellner rufen, auf mich oder auf dich selbst wütend sein («Was für eine dumme Übung!») oder weinen? Verspannt sich dein Körper oder dein Kiefer? Tränen dir die Augen? Im Augenblick solltest du nichts weiter tun als zu untersuchen, wie du auf den Schmerz reagierst.

Versuche dich angesichts der Empfindungen in deinem Mund zu entspannen. Auch wenn deine Lippen brennen, solltest du schnell eine Entspannungsübung oder eine Gedankenklärung einschieben. Nachdem die Schärfe nachgelassen hat, versuch das Ganze noch einmal. Sieh, ob du deine Grenzen erweitern und dabei einen klaren Kopf und deine Konzentration beibehalten kannst.

Die kalte Dusche

Du kannst eine ähnliche Meditation unter der Dusche abhalten. Stell das Wasser einfach ein wenig kälter als üblich ein, und führe beim Duschen eine Gedankenklärungs- oder Entspannungsübung durch. Bewahre auch hier deine mitfühlende Grundhaltung. Mitgefühl bedeutet in diesem Fall, daß du bei der Übung nur so weit gehst, wie du kannst, ohne dich selbst zu peinigen.

Einige mögen diese Übung nur mit leicht veränderten Temperaturen. Falls du in ärztlicher Behandlung bist, solltest du deinen Arzt konsultieren, bevor du die Übung machst. Auf keinen Fall darfst du dich verbrennen. Variiere allmählich die Einstellung an der Dusche, erst ein wenig zu kalt, dann ein wenig zu warm, und meditiere dabei. Versuche dich nicht zu verspannen, weder geistig noch körperlich. Dies ist eine sanfte Annäherung an das Schwitzhüttenritual der nordamerikanischen Indianer, bei dem man erst über erhitzten, dampfenden Steinen in einer kleinen Hütte hockt und anschließend in einen eiskalten Bach springt. (Ein guter Ort für diese Übung in unseren Breitengraden ist die Sauna und das kalte Tauchbecken.)

Wenn wir uns zwischen zu warm und zu kalt hin und her bewegen, erinnert uns das daran, daß wir unsere geistige Balance halten, ganz gleich, was um uns herum geschieht. Ist es gerade zu heiß? Gleich wird es zu kalt sein…

Weitere Übungen zu Schmerz und Widerstand

Nachdem du mit diesen selbstkontrollierten Meditationen über Schmerz und innere Widerstände experimentiert hast, versuche dich mit kleinen Schmerzen zu beschäftigen, die du nicht unter Kontrolle hast. Ich nehme gelegentlich den unablässig bellenden Hund des Nachbarn zum Gegenstand meiner Meditation. Unter gewöhnlichen Umständen kann das ständige Gebell eines Hundes sehr lästig sein. Wenn ich mich aber auf das Geräusch und die körperliche Empfindung, die mit jedem einzelnen Bellen verbunden ist, konzentriere, ohne zu denken: «Hoffentlich hört er bald auf», dann stört mich das Bellen nicht mehr. Es wird zu einer weiteren Sinneswahrnehmung unter vielen, nichts, worauf man besonders reagieren müßte oder was beurteilt werden muß. Indem ich meine Perspektive verändert habe, ist der Hund vom Quälgeist zum Lehrer geworden. Ich habe gemerkt, daß die Übung gelegentlich gut mit Kopf- und Rückenschmerzen funktioniert, ebenso wie mit kleinen Enttäuschungen, nur indem ich in ihrer Gegenwart entspannt und nachgiebig bleibe. Anstatt bei Schmerzen die Zähne zusammenzubeißen und mich zu verspannen, versuche ich bewußt, meinen Bauch, meinen Kiefer, meinen Rücken und meinen Nacken zu entspannen. Manchmal mache ich dazu Gebrauch von einer Entspannungsübung, wie auf Seite 114f. beschrieben. Sehr nützlich ist es auch zu visualisieren, wie man Liebe und Mitgefühl direkt an die betroffenen Stellen sendet.

In Zeiten psychischer Schmerzen oder Enttäuschungen habe ich immer die Möglichkeit, anstatt mich innerlich zu verspannen und Angst, Zorn oder Selbstvorwürfe zu entwickeln, die Mitgefühlsübung zu versuchen, möglicherweise gepaart mit Gedankenbeobachtung. Trost und Linderung finde ich darüber hinaus bei der Beschäftigung mit der Übung «Meisterschaft» (Seite 144f.). Trotzdem passiert es mir immer noch gelegentlich, daß ich wütend aufbrause und mich beklage – und anschließend vor Kopfschmerzen fast zerspringe. Aber eine gesunde Dosis Mitgefühl hilft mir, einzugestehen und anzuerkennen, daß ich so gut oder so schlecht mit meinem Schmerz im Leben umgegangen bin, wie es mir zu diesem Zeitpunkt möglich war…

Je größer der psychische oder physische Schmerz, desto mehr Übung und Mühe erfordert es natürlich, dabei nachgiebig zu bleiben. Daher baut der Kluge vor, indem er nicht erst wartet, bis er völlig verzweifelt ist, sondern sofort anfängt, diese wichtigen Fähigkeiten zu üben.

Wenn du öfters unter körperlichen Schmerzen leidest oder daran interessiert bist, diese Art von Meditation weiterzuverfolgen, kannst du dich mit dem Buch «Wer stirbt?» von Stephen Levine, der sich eingehend des Themas Schmerz annimmt, beschäftigen. Ich kann dieses Buch gar nicht dringend genug empfehlen. Mein einwöchiges Meditationsseminar mit Stephen war ein Wendepunkt in meinem Leben und ihn die Blues-Mundharmonika zu lehren ein außerordentliches Vergnügen!

Ich bin

Viele Meditierende nennen die Übungen auf diesem Pfad einen «Balanceakt ohne Netz und doppelten Boden». Es handelt sich um den am höchsten entwickelten und am schwierigsten zu erschließenden aller Meditationsstile. Lies darüber, denk darüber nach, wenn du magst, probier es aus, wenn du es wagst. Falls es dich dann immer noch interessiert, besorge dir das Buch über Nisargadatta, das in der Bibliographie angegeben ist. Es ist eines meiner zwei oder drei liebsten Bücher. Ich habe es bereits ein dutzendmal gelesen, und hin und wieder habe ich sogar den Eindruck, daß ich einen oder zwei Abschnitte wirklich verstanden habe. Ein weiteres Lieblingsbuch von mir, das dieses Thema angeht (und viel leichter zu lesen ist), ist das vielzitierte Buch von Stephen Levine: «Wer stirbt?»

Denk einmal über die Wendungen «Ich bin glücklich», «Ich bin traurig» oder «Ich langweile mich» nach. Alle diese Sätze sind nur zeitlich begrenzt gültig. Niemand ist *immer* glücklich, traurig oder gelangweilt. Ein Teil dieser Sätze ist jedoch immer wahr: das «Ich bin».

Ebenso zutreffend können wir sagen: «Ich bin nicht glücklich» oder «Ich bin nicht müde». Niemand kann jedoch jemals mit Recht sagen: «Ich bin nicht» oder «Ich existiere nicht». Solange ein Mensch genug existiert, um zu sagen oder zu denken «Ich bin», kann er nicht ehrlicherweise sagen: «Ich bin nicht.»

Obwohl dein Körper und deine geistige Verfassung sich, seit du ein kleines Kind warst, wahrscheinlich erheblich verändert haben, ist das Grundgefühl des «Ich bin» jedoch bemerkenswert stabil geblieben. Denk an eine frühe Kindheitserinnerung. Das sechsjährige Kind, das du warst, hatte ein deutliches Gespür für das «Ich bin». Es konnte klar und deutlich sagen: «Ich bin ein ABC-Schütze» oder «Ich bin der Beste im Lesen». Der Sinn dieses Kindes für das «Ich bin» damals ist derselbe wie der des Erwachsenen heute, wenn er sagt: «Ich bin ein Fan der Dreiminutenmeditation» oder «Ich bin hungrig».

Dennoch ist das Gefühl des «Ich bin» nicht leicht zu beschreiben, obwohl wir es zigmal täglich gebrauchen. Möglicherweise kann man die dazugehörige Empfindung am leichtesten identifizieren, wenn man frühmorgens aufwacht. In einem Moment, wenn wir die Augen öffnen und noch gar nicht genau wissen, wo und wer wir sind, gibt es trotzdem ein Gefühl des (in Ermangelung eines besseren Wortes) «Ichseins». Jemand oder etwas, eine Aufmerksamkeit oder ein Bewußtsein ist offenbar in diesem Körper und schaut in die Welt hinein. Dieses «Ich bin»-Gefühl ist immer gegenwärtig, es sei denn, wir befinden uns in einem tiefen, traumlosen Schlaf. In einigen Kulturen nennt man das «Ich bin» daher auch den «Zeugen».

Dieser Sinn für die Existenz, das Gefühl des Ichseins, das alle Menschen besitzen, ist die Grundlage für eine Reihe der ausgefeiltesten und schwierigsten, aber auch wichtigsten Meditationen. Sie sind deshalb so wichtig, weil das «Ich bin» auf eine sehr reale Weise das Bindeglied zwischen dem kleinen Bewußtsein des Individuums und dem großen Geist Gottes oder dem universalen Bewußtsein bildet.

In der meditativen Weltsicht ist der Sinn für das «Ich bin» ein Splitter des allumfassenden Bewußtseins, genauso wie eine Bucht Teil des gesamten Ozeans ist. Unglücklicherweise konzentrieren wir unsere Aufmerksamkeit normalerweise nicht klar genug auf das Gefühl des «Ich bin», um diese Verbindung zu erkennen und wahrzunehmen. Unser Geist ist viel zu beschäftigt mit Alltäglichem und mit dem Streben nach den Segnungen einer normalen Welt. Immerzu konzentrieren wir uns auf ein «Ich bin hungrig» oder «Ich bin schlauer als die anderen», aber niemals auf ein «Ich bin».

Eine Analogie: In einer windstillen Sommernacht erscheint auf der spiegelglatten Wasseroberfläche des Teiches in perfektem Glanz der Vollmond. Wirf einen Stein hinein, und das Spiegelbild des Mondes zerbricht zur Unkenntlichkeit.

Irgendwann, wenn dein Geist sich durch die Meditation beruhigt, werden die Wellen der Gedanken – Wünsche, Ängste, Gedanken an Vergangenes und Zukünftiges, das «Ich bin dies» und «Ich bin das» – sich für kurze Augenblicke legen. Dann wird wie der Mond auf dem Teich eine Reflexion des universalen Bewußtseins der meditativen Weltsicht im «Ich bin» des klaren Wassers deines Geistes erscheinen. Erstaunlicherweise braucht man noch nicht einmal daran zu glauben, damit das passiert. Man braucht es nur zu tun...

Die «Ich bin glücklich»-«Ich bin traurig»-Meditation

Entspanne dich für einen Augenblick bei einer Gedankenklärungsmeditation, und wähle dir zwei widersprüchliche «Ich bin»-Aussagen wie: «Ich bin glücklich» und: «Ich bin traurig» oder: «Ich bin müde» und: «Ich bin wach». Nimm einen dieser Sätze, und visualisiere ihn so klar wie möglich. Wenn du das «Ich bin müde» nimmst, stell dir vor, wie du gähnst, und fühle die Schlaffheit deines Körpers. Dann visualisiere kurz darauf das gegensätzliche «Ich bin wach». Stell dir vor, wie du vor Energie und Kraft sprühst, mit glänzenden Augen und wachem Blick. Geh zwischen den beiden Zuständen hin und her, und versuche zu fühlen, wie der eine so wenig «wahr» ist wie der andere.

Sprich zu dir selbst: «Ich bin», und laß dich tief in das damit verbundene Gefühl hineinsinken. Erlebe, wie «wahr» das im Vergleich zu den beiden anderen Zuständen ist. Versuche das mit dem «Ich bin» verbundene Empfinden zu beobachten. Wie fühlt es sich an? Gibt es jemanden oder etwas, eine Aufmerksamkeit, in dir, die nach außen schaut? Wer ist das? Wer bin ich?

Die «Wer bin ich?»-Meditation

Nach einem Augenblick der Gedankenklärung stelle dir die Frage: «Wer bin ich?», «Wer bin ich wirklich?» Bist du dein Name? Dein Gedächtnis? Dein Ruf? Wahrscheinlich keins von allen, denn du kannst sehr wohl ohne all dies leben.

Bist du dein Körper? Vielleicht, aber dein Körper kann auch ohne deinen Geist weiterleben. Falls das geschähe, wäre dann dein bewußtloser Körper immer noch da? Du *hast* einen Körper, aber dein Körper ist nicht du...

Frage dich: «Wer ist es, der die Frage ‹Wer bin ich› stellt?» Oder frage sogar: «Wer fragt: ‹Wer ist es, der die Frage ‹Wer bin ich› stellt?›» Hallo, ist da jemand? Irgend jemand muß ja da sein, der alle diese Fragen stellen kann.

Diese Übung kann wie ein Koan funktionieren, eine Nichtwissensmeditation. Möglicherweise wirst du ja, wie so viele, die sich diese Frage gestellt haben, die Sicht des Meditierenden einnehmen, nach der das «Ich» in der Frage «Wer bin ich?» ein Stück jenes «recycelten» Bewußtseins ist, das den Körper, den es bewohnt, mit Leben erfüllt – der «Zeuge» der vielen Kulturen, ein kleines Stück Gott.

Wenn du diese Übung magst, kannst du, jedesmal wenn du merkst, daß dir bestimmte Gedanken kommen, sie jederzeit praktizieren, indem du Fragen stellst wie: «Wer wünscht sich das?», «Wer hat Angst davor?». Wer denkt? Außerdem solltest du unbedingt Nisargadattas «Ich bin DAS» lesen. Es ist nicht leicht, aber lohnend.

Vergänglichkeit

Es ist auch nur ein Klischee, aber trotzdem wahr: Nichts bleibt so, wie es ist, außer der Tatsache, daß sich alles verändert. Alles, was du meinst, über dich selbst zu wissen, deinen Körper, deinen Beruf, deine Angehörigen, dein Land, wird sich im Laufe der Zeit ändern.

Ein Großteil der Schmerzen, die wir im Leben erfahren, rührt von dem Wunsch her, an Dingen festhalten zu wollen, die sich unweigerlich ändern werden. Es schmerzt uns, wenn unsere Eltern krank werden und sterben und wenn unsere Kinder alt werden und aus dem Haus gehen. Es schmerzt, wenn wir die Kraft und Schönheit unserer Jugend verlieren oder das Prestige, das mit unserem Beruf verbunden ist.

Wenn unser Wunsch nach Freiheit von Schmerzen größer wird als unser Wunsch, uns der Realität zu stellen, sind wir verdammt, ein Leben zu führen, das immer versucht, Veränderungen aus dem Weg zu gehen. Und das wird ganz bestimmt weh tun. Sehr weh. Natürlich ist auch ein gewisser Schmerz damit verbunden, sich Veränderungen im Leben zu stellen. Aber jeder meditative Schritt, den wir gehen, wird das Maß der Schmerzen, denen wir ausgesetzt sind, verringern, wenn wir Wandel und die Vergänglichkeit des Lebens annehmen.

Diese Übung basiert auf der Arbeit von Stephen Levine, eines meiner Lehrer (neben Don Juan, Ram Dass, Alan Watts und Elisabeth Kübler-Ross), die betonen, daß das Wissen um die Sterblichkeit der Schlüssel zu mehr Vitalität im Leben ist. Wenn du diese Vorstellung interessant findest, solltest du eines der Bücher dieser Autoren lesen, die in der Bibliographie angegeben sind. Auch das Buch «A Practical Guide To Death And Dying» von John White enthält zahlreiche Übungen und Meditationen über dieses Thema.

Stephen Levine erzählt die Geschichte eines Weisen, der im Besitz eines wunderschönen zerbrechlichen Kelchs war. Jemand stieß ihn um, und er zerbrach, aber der Weise lächelte nur. «Schon», sprach er, «als ich das Glas gegen das Licht hielt und seine Schönheit bewunderte, war es in meinem Geiste zerbrochen.»

Alles, was wir fühlen, jede Beziehung, die wir haben, wird dadurch, daß wir von vornherein wissen, daß alles von vorübergehender Natur ist, realer und schärfer. Wie sollten wir kein Mitgefühl und keine Solidarität für jedes Wesen haben, das in dieser zerbrechlichen und vergänglichen Umgebung leben muß, die wir Leben nennen?

Es hat schon gehupt

Das Auto kommt an eine Kreuzung, die Ampel steht auf Gelb oder Rot. Sag dem Fahrer, daß er, wenn die Ampel wieder grün wird, so lange stehenbleiben soll, bis das dahinterstehende Auto hupt.

Entspanne deinen Körper, und konzentriere dich auf die Unerbittlichkeit der Hupe. Es wird unweigerlich irgendwann hinter dir hupen, in einem aufdringlichen, abgehackten Geräusch. Du hast keinerlei Möglichkeit, um die Situation zu kontrollieren, außer das Unvermeidliche zu akzeptieren. Indem du dies tust, kannst du möglicherweise deinen eigenen Impuls, plötzlich loszufahren oder irritiert zu sein, in Grenzen halten.

Besänftige deine Gedanken angesichts der hinter dir ertönenden Hupe, und bleibe innerlich nachgiebig und entspannt. Achte auf aufkommende Verspannungen und innere Widerstände gegen die Übung. Das ist nicht leicht, weil es gegen alles geht, was man dir jemals beigebracht hat. Beobachte das aufkeimende Bedürfnis, dich wegen des Hupens physisch und psychisch zu verspannen und Urteile über die Situation zu fällen wie: «Das ist aber eine dumme Übung» oder «Was für ein ungeduldiger Idiot das hinter mir ist». Möglicherweise wirst du auch in dir den Wunsch entdecken, das Unvermeidliche zu vermeiden…

Mehr über Tod und Sterben

Sehr viele Veränderungen im Leben sind unvermeidlich: Tod, Alter, Verlust der Angehörigen. Anstatt diese aber als natürlichen Bestandteil des Lebens zu akzeptieren, beschweren wir uns über sie, verspannen uns innerlich und verneinen ihre Existenz.

Die einschneidendste und gleichzeitig unvermeidlichste Veränderung im Leben ist wahrscheinlich der Tod, sowohl der eigene als auch der von engen Angehörigen. Jeder Mensch, der heute lebt, wird innerhalb von zehn, fünfzig oder auch hundert Jahren tot sein. Es ist schwierig und außerordentlich schmerzhaft, sich dem zu stellen, was ich den «Pakt mit dem Teufel» nenne: Wir alle werden gezwungen sein, entweder den Tod aller Menschen zu erleben, die wir lieben, oder unseren eigenen. Dazu gibt es keine Alternative. Und keine leichte Antwort.

Mit dem Wissen um den eigenen unvermeidlichen Tod umzugehen ist die höchste Form der Konfrontation mit der Wahrheit, anstelle der Bewahrung des Selbstbildes. Dies ist weder einfach noch leicht auszuhalten. Aber die Meditation und besonders die Tugend des Mitgefühls können dabei helfen.

In meiner Beratungspraxis mit trauernden und todkranken Erwachsenen und Kindern habe ich den Wert aller in diesem Buch vorgestellten meditativen Techniken schätzen gelernt, sowohl für mich, beruflich wie privat, als auch für Patienten, die gewillt waren, sie zu versuchen.

Von der Freiheit

Im allgemeinen stellen wir uns Freiheit als die Fähigkeit vor, tun zu können, was immer wir wollen. Aber diese Art von Freiheit wird immer begrenzt sein, denn niemand kann jemals seine Welt vollkommen unter Kontrolle haben. Selbst Könige und Rockstars müssen sich mit Unfällen, Krankheit, Alter, Schmerz und anderen Menschen herumplagen, ganz zu schweigen von ihren eigenen Ängsten und Bedürfnissen.

Wahre Freiheit liegt vielmehr in der Fähigkeit, alles, was geschieht, von Moment zu Moment in seinem Wandel zu akzeptieren. Ohne Vorurteile, ohne Widerstand und mit Mitgefühl für sich selbst und andere. Der Gebrauch aller Gedanken und Ereignisse als Anlässe zur Meditation und als Herausforderung (nicht als Fluch und nicht als Segen), als Gelegenheit dazuzulernen. Wir können aus den Steinen und Hindernissen, die uns im Weg zu liegen scheinen, unseren eigenen Weg zur Erleuchtung pflastern.

Handlungen statt Ergebnisse

Wenn wir alles, was geschieht, akzeptieren, heißt das noch lange nicht, daß wir völlig tatenlos zusehen. Wir können mit Schwung und Begeisterung auf jedes Ziel hinarbeiten, für das wir uns entscheiden, und uns mit aller Kraft Dingen widersetzen, die wir für falsch halten. Obwohl wir unsere gesamte Energie in Handlungen investieren, die auf ein bestimmtes Ziel gerichtet sind, können wir, was das Ergebnis oder die Folgen unseres Handelns anbelangt, versuchen, unbeteiligt zu bleiben. Laß es auf ein Experiment ankommen. Nimm ein neues Rezept, und koche ein Abendessen.

Folge sorgfältig jeder Anweisung, aber mach dir keine Sorgen um das Ergebnis.

Immer wenn wir unser Lebensglück von spezifischen Ergebnissen abhängig machen, legen wir es geradezu darauf an, enttäuscht zu werden. Wir können zwar Verantwortung für unsere Handlungen übernehmen, aber die Früchte unserer Arbeit, die Ergebnisse, können wir niemals kontrollieren.

Mahatma Gandhis Bemühungen um die Unabhängigkeit Indiens vom britischen Mutterland waren nur von den edelsten Motiven getragen und wurden mit unermüdlicher Energie von ihm ausgetragen. Und trotzdem war eine Folge dieser Arbeit der Krieg um Bangladesh und die große Hungersnot, die Millionen von Menschen das Leben kostete. Einsteins theoretische Meilensteine bewirkten letztlich das Ende des Zweiten Weltkrieges, aber haben uns heute beinahe an den Rand eines dritten und die Bedrohung des gesamten Lebens auf Erden gebracht.

Wenn wir uns die Sicht des Meditierenden des Gesetzes von Ursache und Wirkung ins Gedächtnis rufen (siehe Seite 39f.), kann uns das helfen zu erkennen, daß unsere Handlungen und ihre Folgen nicht so eindeutig und direkt in Verbindung miteinander stehen, wie wir manchmal gern annehmen wollen. Wie können wir erwarten, etwas so Kompliziertes und von verschiedenen Faktoren Abhängiges wie diese verrückte, mysteriöse Welt, in der wir leben, beherrschen zu können?

Meisterschaft

In unserer geschäftigen und statusorientierten Kultur geschieht es leicht, daß man die Dinge, die passieren, allzu wichtig nimmt. Wir sind nur wer, wenn wir viel besitzen und viel im Leben erreicht haben. Wir vergessen, daß es auf lange Sicht wichtiger ist, *wie* wir auf ein Geschehen reagieren, als das Geschehen selbst.

Die Meditation lehrt uns, daß unsere Reaktion auf unsere Gedanken wichtiger ist als die Gedanken selbst. Wir lernen, den Ablauf unserer Gedanken zu beobachten, anstatt uns in den Inhalt jedes einzelnen Gedankens, der sich «auf der Durchreise» befindet, verwickeln zu lassen. Ebenso beginnen wir zu sehen, daß der Lernprozeß, auf geschickte Weise auf alles zu reagieren, was uns zustößt, weitaus wichtiger ist als der (ohnehin vergebliche) Versuch, die Auswirkungen aller Ereignisse auf unser Leben zu kontrollieren.

Jeder Mensch hat seine eigenen Fähigkeiten und Begabungen. Es gibt sprachliche Begabungen, sportliche Begabungen, hochbegabte Geschäftsleute und geborene Politiker. Eine Fähigkeit ist jedoch mehr als alle anderen wert, im Leben gepflegt und ausgebildet zu werden: die Meisterschaft im Leben.

Diese Meisterschaft besteht darin, daß man in der Lage ist, die Dreiminutenmeditationen in allen möglichen alltäglichen Situationen zu praktizieren. Dies ist wichtiger als alle spezifischen Ereignisse, ganz gleich wie wichtig sie scheinen mögen. Auf eine gewisse Weise ist es wichtiger, daß man in der Lage ist, Dinge zu verlieren, sei es ein Wettbewerb, einen Beruf oder eine Beziehung, als sie zu gewinnen. Denn irgendwann wird es etwas geben, was wir auf keinen Fall gewinnen können. Jede Beziehung geht irgendwann zu Ende.

Wenn wir uns in einem Leben im Jetzt üben, mit Aufmerksamkeit und Mitgefühl für unsere alltäglichen Ängste und Wünsche, dann können wir uns getrost den Dingen stellen, kompetent und geschickt mit allem, was uns im Leben passiert, umgehen. Auch schmerzliche Gedanken und unangenehme Ereignisse können dazu dienen, uns an die Aufgabe der Meditation zu erinnern, die das Echteste und Wichtigste ist, was wir je auf Erden unternommen haben. Auf diese Weise können wir alles, was geschieht, sei es schmerzhaft oder angenehm, zu Öl auf unserer Meditationsmühle machen.

Die Meisterschafts-Visualisierungsübung

Lies sorgfältig noch einmal den vorangegangenen Abschnitt durch. Denk darüber nach. *Fühle* die Wahrheit dessen, was gesagt wird. Dann stell dir mit Hilfe der Visualisierungsübung (Seite III f.) vor, wie du in einer Situation steckst, deren Folgen alles andere als deinen Wünschen entsprechend sind. Die Gehaltserhöhung, die Stelle, die Urlaubsreise sind dir durch die Lappen gegangen.

Stell dir vor, du wendest die Fähigkeiten und das Wissen, die dir dieses Buch vermittelt, an, einschließlich der spezifischen Übungen und Techniken, deren Gebrauch du erlernst hast, um jede beliebige Situation mit Gelassenheit, Akzeptanz und Mitgefühl zu meistern.

Das ist Meisterschaft.

Dritter Teil

Die Praxis der Dreiminutenmeditation

Wenn du dich bis hierher durch das Buch hindurchgearbeitet hast, konntest du schon einiges über eine Vielzahl verschiedener Meditationstechniken lesen. Ich hoffe, daß du es nicht nur gelesen, sondern auch *getan* hast, denn der Erfolg liegt einzig und allein in der Anwendung der Übungen in alltäglichen Situationen, und die hängt davon ab, über wieviel Übung du in den einzelnen Übungen verfügst.

Wie ich bereits anhand der Beispiele aus der Welt des Sports erläutert habe, können wir unsere Meditationsfähigkeit auf ein breites Spektrum verschiedener Situationen anwenden. Je extremer die Situation ist, desto besser müssen wir in Form sein, um geschickt damit umzugehen. Selbst ein Anfänger im Aikido ist wahrscheinlich in der Lage, einen kleinen, schwachen Angreifer, der mit einer Plastikgabel bewaffnet ist, auf elegante und sanfte Weise komplett zu entwaffnen. Aber es bedarf mindestens eines Schwarzgürtels, einer Topform und eines voll durchtrainierten Körpers, um erfolgreich mit einem räuberischen, mit schweren Messern bewaffneten Trio umzugehen. Deinen Ärger über einen rüden Autofahrer, der dir erst die Vorfahrt nimmt und dir dann noch einen Vogel zeigt, mit Hilfe der Atemzählmeditation zu besänftigen erfordert wahrscheinlich weitaus weniger Training als den Ärger darüber, daß dein Boß die Beförderung, für die eigentlich du vorgesehen warst, einem neuen Kollegen gegeben hat.

Wenn wir immer von vornherein wüßten, was die Zukunft für uns bereithält, könnten wir warten, bis uns eine besonders harte Zeit bevorsteht, und dann ein paar Wochen vorher schnell ein spirituelles Intensivtraining absolvieren, um darauf vorbereitet zu sein. Tatsächlich können wir uns manchmal auf besondere Ereignisse speziell vorbereiten. Aber die Welt ist ein seltsamer, unvorhersehbarer Ort. Wir wissen niemals, was passieren wird. Deshalb ist es wichtig, immer in Form zu bleiben, wie die folgenden Beispiele aus meinem Leben zeigen werden.

Übung macht zwar nicht den Meister, aber sie hilft

Als gegen Ende des Jahres 1988 die Geburt meiner Tochter immer näher rückte, versuchte ich mich in angemessener Weise auf das Ereignis vorzubereiten. Fast zwei Monate lang meditierte ich soviel wie möglich. Morgens meditierte ich fünfzehn Minuten, was für mich bereits lange ist, und dann noch mehrmals, jeweils drei Sekunden bis drei Minuten, über den Tag verteilt. Schließlich war es dann soweit. Die Geburtswehen meiner Frau waren außergewöhnlich langwierig, aber selbst nach dreißig Stunden war ich noch relativ wach und entspannt. Als ich kurz in die Kantine des Krankenhauses ging, um ein Sandwich zu essen, entdeckte ich in einer Zeitung einen ziemlich langen und schmeichelhaften Artikel über den Verlag, der mein Konzept für ein Mundharmonika-Lehrbuch geklaut hatte. Es brachte mich jedoch kaum außer Fassung. Bevor ich begonnen hatte zu meditieren, hätte mich der bloße Gedanke an diesen Verlag leicht für Stunden, wenn nicht gar für Tage völlig gefangengenommen. Aber weil ich in guter geistiger Form war, konnte ich die Ironie in der Situation sehen («Da spielt mir wohl der Kosmos wieder mal einen Streich. Wahrscheinlich soll ich getestet werden, ob ich mich geistig gut unter Kontrolle habe»). So konnte ich vollkommen ruhig zurück in den Kreißsaal gehen und die Geburt meiner Tochter miterleben.

Im Gegensatz dazu litt ich Ende 1989 offenbar ein wenig unter Selbstüberschätzung. Der Folgeband zu diesem Buch, «MetaPhysical Fitness», befand sich gerade im Druck, ich war stolzer Vater und beschäftigte mich mit einer Vielzahl verschiedener Projekte, die alle sehr vielversprechend aussahen. Mein Eifer bei der Meditation, sogar bei der Dreiminutenmeditation, war jedoch auf einem Tiefpunkt angelangt. Als daraufhin ohne Vorwarnung einige ziemlich gravierende geschäftliche Fehlschläge passierten, war ich anfangs völlig außerstande, mit dem Schmerz, Ärger, Widerstand und der Angst, die aufkamen, umzugehen. Für ein paar Tage war ich in einem erbarmungswürdigen Zustand. Dann wurde ich glücklicherweise *durch den Schmerz selbst* daran erinnert, meiner Meditationspraxis wieder Vorrang zu geben. Schon bald war ich in der Lage, meine Probleme mit der Arbeit in die richtige Perspektive zu rücken und mich mit Eifer an ihre Bewältigung zu machen, ohne mich jedoch allzusehr um die Endresultate zu sorgen. Das war nur möglich, weil ich wußte, daß mir eine Reihe von geistigen Werkzeugen zur Verfügung standen – selbst wenn ich spirituell völlig außer Form geraten war und reichlich «Speck angesetzt» hatte. Hoffentlich wird diese unangenehme Erfahrung mich daran erinnern, von jetzt ab immer gut in Form zu bleiben.

Problembereiche

In jedem der folgenden sechs Problembereiche werden wir wenigstens drei der im zweiten Teil beschriebenen Methoden einsetzen: Verspannung, Ärger, Selbstakzeptanz, Ängste und Phobien, Verlust und Trauer, Einsamkeit und innere Leere. Wir werden die Übung der Nachgiebigkeit angesichts von Schmerzen (erstmals beschrieben auf Seite 77 f.) kombinieren mit der Visualisierungsmeditation (Seite 111 f.). Ebenso werden wir uns darin üben, uns an die Bedeutung der Meisterschaft (Seite 144 f.) zu erinnern – und das bloße Erinnern ist der erste Schritt zur Bewältigung.

Wahrscheinlich ist dir aufgefallen, daß alle sechs scheinbar ziemlich verschiedenen Problembereiche mit ziemlich denselben Methoden angegangen werden sollen. Das hat seinen Grund darin, daß sie insgesamt ausschließlich auf Gedanken zurückzuführen sind, und mit allen Gedanken kann, obwohl sie inhaltlich sehr verschieden sein können, auf dieselbe Weise umgegangen werden.

Vom Unterschied (oder mangelnden Unterschied) zwischen Gedanken und Gefühlen

In den folgenden Abschnitten werde ich viel über starke Gefühle oder Emotionen schreiben, über Ärger, Angst, Vorurteile und Trauer. Dabei ist es grundsätzlich wichtig, den Hauptunterschied zwischen Gedanken und Gefühlen oder Emotionen im Auge zu behalten.

Was ist überhaupt der Unterschied? Gedanken sind geistige Bilder, die in unserer Vorstellung auftauchen. Gefühle oder Emotionen treten auf, wenn wir auf diese Gedanken reagieren. Gefühle sind also nichts anderes als unsere Reaktionen auf Gedanken, die uns gefangennehmen, mit denen wir uns identifizieren.

Nehmen wir an, ein Freund hat uns enttäuscht. Wenn wir uns sagen: «Ich bin wütend», dann bedeutet das, daß wir uns selbst vollständig durch einen Moment des Ärgers definieren – wir handeln ausschließlich aus diesem unserem Gedanken heraus. Wenn wir statt dessen sagen: «Ich *habe* einen wütenden Gedanken», beziehen wir uns lediglich auf unsere Gedanken. Anstatt uns vollkommen von dem Inhalt unserer Gedanken gefangennehmen zu lassen und auf dieser Grundlage zu reagieren, beobachten wir den Prozeß unseres Denkens und beziehen uns darauf. Falls das auf den ersten Blick etwas verwirrend erscheint, solltest du die Seiten 97 f. und 162 f. noch einmal lesen. Ein Großteil unserer Arbeit in den folgenden Abschnitten wird darin bestehen, daß wir lernen, die Gedanken zu identifizieren, die uns gefangennehmen und auf die wir stark reagieren. Wir werden Möglichkeiten entdecken, auf geschicktere Weise mit ihnen umzugehen. Je mehr wir meditieren, desto mehr werden wir in die Lage versetzt, auf alle Gedanken mit gelassener Akzeptanz und Mitgefühl statt mit Angst, Verweigerung oder Ärger zu reagieren, ganz gleich, wie mächtig oder irritierend sie sind.

Was ist…?

Du wirst merken, daß jedes der folgenden Kapitel mit einer Frage beginnt: «Was sind Verspannungen?» oder «Was ist Ärger?» Bevor wir an einem Problembereich arbeiten können, müssen wir erst einmal in der Lage sein, ihn ehrlich und deutlich zu betrachten. Das ist manchmal nicht leicht, nicht einmal mit Dingen, die keine Problembereiche sind. Auf Seite 108 haben wir am Beispiel des Geschmacksunterschiedes zwischen Erbsenmark und Erbsenschale gesehen, daß die meisten Menschen nicht in der Lage sind, Feinheiten zu beobachten. Wenn wir nicht einmal das können, wie sollen wir dann mit vorurteilsfreiem Bewußtsein und detaillierter Aufmerksamkeit unseren Ärger, unsere Angst oder unsere Einsamkeit in allen Einzelheiten beobachten?

Die Fragen, die mit «Was ist…?» beginnen, sind kein Versuch, Verspannungen, Ärger oder Angst zu beschreiben. Sie sind vielmehr dazu gedacht, dich anzuregen, hinter die häufig gebrauchten, aber nur selten wirklich verstandenen Begriffe und Erfahrungen zu schauen und die Gedanken selbst direkt wahrzunehmen.

Die halbe Schlacht ist schon gewonnen…

Zu lernen, diesen schmerzhaften und schwierigen Empfindungen und Situationen mit Aufmerksamkeit zu begegnen, sie ohne Scheu und ohne zu urteilen zur Kenntnis zu nehmen, ist nicht einfach. Genau aus diesem Grunde beginnen wir unsere Praxis, indem wir uns auf unsere Atmung, unsere Schritte oder auch auf die Erbsen, die wir essen, konzentrieren, statt uns gleich unserem Ärger oder unserer Angst zu widmen. Wenn wir jedoch erst einmal gelernt haben, auch die unangenehmen Gefühle ohne Scheu anzunehmen, werden wir in die Lage kommen, sie auch wirklich zu verstehen und auf unsere Gedanken darüber eine Reihe verschiedener Meditationstechniken anzuwenden. Wenn wir lernen, auf die Funktionen unseres Verstandes mit dem Mitgefühl unseres Herzens zu schauen, haben wir die halbe Schlacht schon gewonnen. Der Rest geht dann wie von selbst, vorausgesetzt, wir lassen nicht nach in unserer Meditation.

Was tun, wenn du alles vermasselst?

Natürlich wirst du auch Fehlschläge erleben. Kein Wunder! Denn die folgenden sechs Themen sind die heikelsten Probleme, denen der Mensch begegnen kann. Wenn wir also erwarten, von Anfang an perfekt mit ihnen fertigzuwerden, dann suchen wir wahrscheinlich nur nach einer weiteren Möglichkeit, uns wegen unserer Unfähigkeit in Selbstmitleid zu ergehen. Anstatt uns selbst zu schelten, wenn wir es einmal vermasseln – und uns daraufhin zu verspannen, zu ärgern, Angst zu bekommen oder eine saure Miene zu machen –, können wir lernen, aus unseren Fehlern zu lernen.

Profisportler schauen sich Videoaufnahmen ihrer Wettkämpfe an und achten dabei mehr auf ihre Fehler als auf ihre Erfolge. Dies ist eine wichtige Methode, um das eigene Spiel zu verbessern. Ebenso können wir, wenn wir sorgfältig beobachten, wie, wann und warum wir es vermasseln, lernen, es in Zukunft besser zu machen, und es nicht mehr mit ganz soviel Begeisterung falsch machen. Aus unseren eigenen Fehlern zu lernen ist eine Methode, die Stephen Levine «Mist zu Dünger machen» nennt, denn wir können etwas unglaublich Wertvolles gewinnen, wenn wir es wirklich wollen, anstatt jede Gelegenheit zu nutzen, um uns selbst zu verurteilen und zu hassen. Und nichts anderes wird uns das ermöglichen als die klare, urteilsfreie Beobachtung, die Suche nach der Wahrheit mit achtsamem Blick auf uns selbst.

Wenn wir erst einmal gelernt haben, die Meditationstechniken einzusetzen, *nachdem* etwas geschehen ist, können wir dazu übergehen, sie *während* der ärgerlichen, ängstlichen oder traurigen Gedanken anzuwenden. Und irgendwann werden wir vorbeugend meditieren und uns damit auf potentielle meditative Mißerfolge vorbereiten.

Die Wahl einer persönlichen Mini-Meditation

Für mich hat es sich als überaus wertvoll herausgestellt, eine oder zwei besondere Meditationen auszuwählen und sie soviel wie möglich zu praktizieren, selbst wenn ich gelegentlich auf ein breiteres Spektrum von Möglichkeiten zurückgreifen möchte. Im Laufe der Jahre habe ich herausgefunden, daß die Atemzählmeditation (Seite 85) und die Schrittzählmeditation (Seite 86) für mich die besten Übungen sind, um sie praktisch überall und immer einsetzen zu können.

Ich verwende die Atemzählmeditation zigmal im Lauf eines Tages, manchmal nur für ein oder zwei Atemzüge. Eine meiner Lieblingsmeditationen ist eine Mitgefühlsmeditation, die nur einen einzigen Atemzug dauert, eine Variante der Herzkiemenmeditation von Seite 116. Ich mache einen großen, seufzenden Atemzug voller Mitgefühl und sende ihn beim Einatmen mitten ins Herz. Dann atme ich mit einem Seufzer aus und lasse gleichzeitig mit meinem Atem alle meine Schmerzen, die noch übriggeblieben sind, los.

Ebensooft praktiziere ich die Schrittzählmeditation, selbst wenn ich nur die paar Schritte von meinem Schreibtisch zum Kopierer gehe. Du kannst natürlich auch längere Distanzen für die Meditation nutzen, aber die Mini-Meditationen sind am besten für kleine Freiräume inmitten des alltäglichen Trubels geeignet.

Es ist wirklich hilfreich, wenn man ein paar altbewährte meditative Stützen hat, auf die man sich verlassen kann. Die folgenden Übungen sind besonders dazu geeignet, weil sie die Aufmerksamkeit fördern, die für die alltägliche Meditation so unerläßlich ist. Wenn keine meiner folgenden Meditationen, die sich für mich persönlich als die geeignetsten herausgestellt haben, auf den ersten Blick für dich geeignet scheinen, versuch es einfach mit derjenigen Meditation, bei der du das beste Gefühl hast, und freunde dich so intensiv wie möglich mit ihr an. Praktiziere sie so oft wie möglich (wenigstens fünf- oder zehnmal täglich), aber in winzigen Dosen. Ich werde mich im folgenden häufiger auf «deine bevorzugte Meditation» beziehen und dich einladen, sie beim Lesen des Buches für einige Momente zu praktizieren. Vielleicht möchtest du das ja in diesem Augenblick tun und dich anschließend wieder erfrischt dem nächsten Kapitel zuwenden?

Verspannung und Entspannung

Was sind Verspannungen? Wir gebrauchen das Wort «Verspannung» und das Gegenteil «Entspannung» gewöhnlich für die körperliche Empfindung des Angespanntseins (beziehungsweise des Lockerseins) im Muskelsystem. Verspannungen haben aber auch eine psychische Komponente, und wenn wir uns die mit Verspannungen verbundenen Empfindungen einmal näher anschauen, können wir viel besser die physischen und psychischen Hintergründe verstehen, die zu unangenehmen Verspannungsgefühlen führen können. Die folgende Übung wird dabei helfen, besonders wenn du dich bereits mit der Übung «Warm und Schwer» (Seite 114) beschäftigt hast.

Die Körperinspektionsübung

Du weißt bereits, wie du es anstellen mußt, deine Aufmerksamkeit auf deine Atmung, deine Füße, eine Kerzenflamme oder den Geschmack von Erbsen zu konzentrieren. In dieser Übung wirst du den Brennpunkt deiner Aufmerksamkeit durch den ganzen Körper wandern lassen und dich dabei vom Scheitel bis zur Sohle genau inspizieren.

Während du deine Aufmerksamkeit durch den Körper bewegst, achte besonders auf verspannte Körperregionen. Ich neige dazu, meine linke Schulter etwas anzuheben und meine Bauchmuskulatur festzuhalten. Wo entdeckst du deine Verspannungen?

In dieser Übung versuchst du im Gegensatz zur «Warm und Schwer»-Übung nicht, verspannte Regionen zu entspannen, sondern sie einfach zu spüren. Du brauchst für die Übung gar nicht erst so lange warten, bis du vollkommen entspannt bist, sondern kannst gleich loslegen und in einem kompletten Körper-Check alle Verspannungen aufdecken. Wenn du das ein paarmal getan hast, kannst du anfangen, auch solche Verspannungen aufzudekken, von denen du vorher überhaupt nichts wußtest. (Um die offensichtlichen Verspannungen festzustellen, brauchst du die Übung wahrscheinlich gar nicht.)

Wenn du einen steifen Nacken oder einen verspannten Kiefer entdeckst (viele Menschen verspannen sich im Gesicht, um die Augenbrauen, um den Mund oder sogar hinter den Augen), nimm dir ein paar Sekunden Zeit für deine bevorzugte Mini-Meditation. Dann frage dich: Wie fühlt es sich hier an? Tut es weh? Ist es ein dumpfer oder ein stechender Schmerz? Fühlt es sich heiß an? Wie fühle ich mich während der Beobachtung der Problemzone? Habe ich Angst?

Verspannungen und Angst

Wenn ich die verspannten Körperregionen einmal genau unter die Lupe nehme, sehe ich, daß die physische Verspannung oft von einer leichten allgemeinen Ängstlichkeit begleitet wird. Dieses Gefühl, das Psychologen gern «unspezifische Angst» nennen, scheint mir im wesentlichen zwei Ursachen zu haben, die eine mehr im physischen und die andere mehr im psychischen Bereich.

Auf der physischen Ebene folgt auf eine Verspannung der Bauchmuskeln immer eine Verflachung der Atmung. Flacher Atem führt wiederum zu Hyperventilation, weil du versuchst, die Kürze der Atemzüge durch eine höhere Frequenz auszugleichen. Wenn du schneller atmest, erhöht sich der Sauerstoffanteil im Blut, und der Kohlendioxidanteil sinkt. Dadurch wird im Körper eine Kettenreaktion in Gang gesetzt, die das Atmen ganz allgemein erschwert. Und Schwierigkeiten beim Luftholen führen bei fast jedem Menschen zu Panikgefühlen – besonders wenn man keine Ahnung hat, woher sie eigentlich kommen. Viele Menschen, denen ich in meiner Praxis helfen mußte, weil sie LSD genommen hatten und auf einen «Horrortrip» gekommen waren, litten schlicht und einfach unter einer unerkannten Hyperventilation. Das einzige, wobei man ihnen helfen mußte, war, sich zu entspannen und tief und langsam zu atmen. Die folgende Übung soll dir helfen, genau das zu tun.

Auf der psychischen Ebene verursachen versteckte oder unverarbeitete Gedanken oft muskuläre Verspannungen, die wir letztlich als Schmerzen wahrnehmen. Wenn wir diese Gedanken ans Licht bringen und verarbeiten, können wir die Schmerzen an der Wurzel bekämpfen und beginnen, die sie verursachenden Gedanken mit Hilfe der «Übung zur Identifikation und Besänftigung spannungsverursachender Gedanken» zu beseitigen.

Ein weicher Bauch

Setz dich still hin, und praktiziere eine Minute deiner bevorzugten Meditation. Richte dann deine Aufmerksamkeit auf deinen Bauch. Bist du verspannt? Laß die Muskeln locker, und versuche, deinen Bauch nicht einzuziehen (was vielen Menschen schwerfällt).

Nun lege beide Handflächen sanft auf den Bauch. Stell dir vor, daß deine Hände am Bauch festkleben, und ziehe sie leicht nach außen, wenn du einatmest, so daß dein Bauch (nicht deine Brust) sich so weit ausdehnt, wie es bequem möglich ist. Wenn du bereit bist, wieder auszuatmen, laß deine Hände einfach deinem Bauch nach innen folgen. Nicht denken, nicht urteilen, nur atmen – tief und weich in einen lockeren Bauch.

Während du so atmest, kannst du gleichzeitig eine der im zweiten Teil beschriebenen Atemmeditationen durchführen. Versuche dich dabei konstant auf deinen Bauch zu konzentrieren und, sobald du merkst, daß dir irgendwelche Gedanken kommen, wie üblich wieder zur Meditation zurückzukehren.

Übung zur Identifikation und Besänftigung spannungsverursachender Gedanken

Diese Übung ist eine Variation der Gedankenbenennmeditation (Seite 99). Versuche, sooft du kannst, den Tag über verschiedene Formen von Verspannungen im Körper zu beobachten. Wenn es dir schwierig erscheint, spontan eine Verspannung zu entdecken, mach einen raschen Körper-Check (Seite 156) und sieh, ob du hinter den Verspannungen irgendwelche Angst-, Wut- oder verurteilende Gefühle entdecken kannst.

Wenn du derartige Gedanken identifizieren kannst, übe dich für einen Moment in deiner bevorzugten Meditation (oder der weichen Bauchatmung), während du den Gedanken festhältst, und sieh, ob es dir gelingt, angesichts des schmerzhaften Gedankens nachgiebig zu bleiben. Ich werde in dem Abschnitt über Ängste und Phobien noch ausführlicher auf psychische Schmerzen zu sprechen kommen, und wenn du willst, kannst du in diesem Zusammenhang noch einmal den Abschnitt «Schmerz und Widerstand» auf Seite 127 ff. nachlesen.

Die Entspannungsvisualisierung

Du wirst merken, wie gut es tut, ein oder zwei Minuten täglich zu visualisieren, wie du die vorangegangenen und nachfolgenden Übungen durchführst. Stell dir einfach vor, wie du dich in einer Situation verspannt fühlst, die für dich eine typische Streßsituation ist. Du kannst der Visualisierung ein wenig nachhelfen, indem du dich künstlich verspannst und einen Gedanken, der bei dir üblicherweise Verspannungen verursacht, im Kopf bewegst. Wenn du dich dann entspannst, stell dir vor, wie du ein paar weiche Bauchatmungen machst und trotz des schmerzverursachenden Gedankens nachgiebig bleibst. Du kannst die Übung auch mit der folgenden «Entspannungsauslöser»-Übung verbinden.

Streßauslöser – Entspannungsauslöser

Vielleicht weißt du, was es bedeutet, jemanden zu kennen, der regelmäßig, wie auf Knopfdruck, bestimmte Reaktionen bei dir auslöst, meistens in Form von Streß, als eine Art «Fluchtreflex». Dazu gibt es auch noch das Gegenstück, die Entspannungsreaktion (siehe Seite 114f.). Die Zuverlässigkeit und Berechenbarkeit der Reaktion ist bei beiden Varianten dieselbe. Man braucht nur aufs Knöpfchen zu drücken, und schon geht die Reaktion los. Entweder du möchtest am liebsten sofort weglaufen, oder du atmest auf und entspannst dich. Um einen Entspannungsauslöser zu installieren, brauchst du nur eine sehr kurze Entspannungsatmung durchzuführen. Verwende dazu eine, die nur einen einzigen Atemzug erfordert, und verbinde sie wie unten beschrieben gedanklich mit einem bestimmten täglichen Ereignis. Möglicherweise kannst du für den einen Atemzug eine Etikettier- oder Beobachtungsübung durchführen oder einen einzelnen weichen Bauchatemzug machen. Oder du versuchst, die Ah-Oh-Meditation (Seite 117) an die Übung anzupassen, in der du die Verspannung einatmest und die Entspannung ausatmest.

Den Entspannungsknopf drücken

Nimm eine beliebige Atemmeditation. Mach während deiner alltäglichen Verrichtungen so oft wie möglich von ihr Gebrauch, und übe deine Vorstellungskraft mit Hilfe der oben beschriebenen Entspannungsvisualisierung. Ich verbinde gern meinen Entspannungsknopf (für mich ist dies meist ein einzelner, benannter Atemzug) mit dem Gebrauch des Kopierers, ein Arbeitsvorgang, den ich sehr oft während der Arbeitszeit verrichte. Ich mache es mir einfach zur Angewohnheit, jedesmal, wenn ich den Startknopf am Kopierer drücke, auch meinen inneren Entspannungsknopf zu drücken. An besonders hektischen Tagen stelle ich sogar den kleinen Piepser an meiner Armbanduhr so ein, daß er mich jede Viertelstunde daran erinnert, mich zu entspannen, ganz gleich, was ich gerade tue.

Natürlich wird dir oft erst einfallen, daß du den Entspannungsknopf drücken kannst, *nachdem* du verspannt oder ängstlich geworden bist. Aber je öfter du ihn benutzt, desto besser wird es dir
gelingen, die Situationen zu identifizieren, in denen du ihn
brauchst, und desto öfter wirst du ihn vorbeugend bedienen, bevor
du in Situationen gerätst, in denen du dich normalerweise verspannst.

Entspannung und Meisterschaft im Leben

Ich habe an anderer Stelle bereits erwähnt, daß es wichtiger für das
alltägliche Leben ist, in der Lage zu sein, die Methode der Dreiminutenmeditation effektiv einzusetzen, als die Ereignisse im Leben
immer unter Kontrolle zu haben und sein Leben so zu beeinflussen, wie man das gern hätte. Es ist also durchaus sinnvoll, sich die
Zeit zu nehmen und Entspannungsknöpfe zu installieren, die zu-
verlässig funktionieren, ganz gleich wie beschäftigt man ist oder
wie viele Sachen noch erledigt werden müssen. Wenn du deine
Entspannung an erste Stelle setzt, wirst du damit ein Werkzeug
zur Verfügung haben, das dir in allen Dingen eine unersetzliche
Hilfe sein wird.

Ärger

Was ist Ärger? Ärger ist eines der Dinge im Leben, die wir zwar alle häufig erleben, bei denen wir aber nur selten näher hinsehen. Die meisten Menschen halten den Ärger nicht einmal für ein Produkt ihrer Gedanken, sondern für eine Emotion oder ein Gefühl. Indem wir sagen: «Ich habe ärgerliche Gedanken» statt: «Ich bin ärgerlich», können wir jedoch lernen, den Ärger mehr unter Kontrolle zu bringen, anstatt ihm zu erlauben, uns zu kontrollieren. Besonders wenn ärgerliche Gedanken dir oft Kopfschmerzen verursachen, ist dieses Kapitel für dich wichtig.

Die Ärgeretikettierübung

Die wesentliche Methode, um unsere Gedanken zum Gegenstand unserer Aufmerksamkeit zu machen (statt sie so zu behandeln, als wären wir identisch mit ihnen), besteht darin, sie aus einer losgelösten Position zu beobachten. Die einfachste Übung zur Gedankenbeobachtung ist die Gedankenzählmeditation (Seite 97).

Die folgende Übung ist eine Variante der Gedankenzählmeditation. Du brauchst dabei nicht einmal zu zählen, wie oft du von ärgerlichen Gedanken im Laufe des Tages heimgesucht wirst. (Es sei denn, du möchtest das gerne tun, ich selbst finde es deprimierend.) Du tust nichts weiter, als immer, wenn dir ein ärgerlicher Gedanke in den Sinn kommt, ihm eine Bezeichnung zu geben. Bezeichne den Gedanken still für dich, indem du beispielsweise sagst: «Aha, da ist wieder der Ärger». Es besteht keine Notwendigkeit, den Gedanken zu beurteilen, zu analysieren oder zu verändern. Benenne ihn einfach, *sobald du ihn identifiziert hast*. Dabei kommt es drauf an, das möglichst sofort zu tun. Wenn du den

Gedanken nicht wieder loswerden und lieber ärgerlich bleiben willst, ist das dein Privatvergnügen.

Führe diese Übung mindestens dreimal durch, jedesmal lange genug, um ein paarmal die Gelegenheit zu haben, einen Gedanken zu bemerken und zu benennen. Möglicherweise heißt das, daß du dich selbst darauf «programmierst», für einen Zeitraum von einer halben Stunde bis zu einer Woche – je nachdem, wie oft du ärgerlich wirst – alle ärgerlichen Gedanken mit dem Etikett «ärgerlich» zu versehen. Sobald du gelernt hast, ärgerliche Gedanken schnell zu identifizieren, sobald sie auftauchen, bist du bereit für die folgende Meditation. Falls du Schwierigkeiten haben solltest, sie überhaupt zu bemerken, solltest du die Ärgerbenennübung besser überspringen und statt dessen gleich mit der folgenden beginnen.

Meditatives Erleben von Ärger

Bereite dich auf die Meditation vor, indem du deine Gedanken auf etwas richtest, was dich normalerweise schnell auf die Palme bringt. Vielleicht ist es der Gedanke an einen bestimmten Menschen, eine Situation oder an ein unangenehmes Ereignis in der Vergangenheit. Wie fühlt es sich an, den ärgerlichen Gedanken im Kopf zu bewegen? Ist dein Körper oder Teile deines Körpers verspannt? Verändert sich deine Atmung – ist sie schneller oder flacher? Bist du imstande, den ärgerlichen Gedanken zu beobachten, anstatt in seine Inhalte verwickelt zu werden?

Wenn mir ein ärgerlicher Gedanke kommt, kann ich – sofern es mir gelingt, nicht gleich wütend zu werden, sondern ihn zu beobachten – spüren, wie sich meine Kiefermuskulatur verspannt, meine Augen schmaler und meine Atmung schnell und flach werden. Ebenso merke ich, wenn ich meinen Ärger beobachte, daß ich tausend Gründe im Hinterkopf habe, warum der ärgerliche Gedanke wichtig und richtig ist und ich unbedingt darauf reagieren sollte – um noch ärgerlicher zu werden, statt zu versuchen, den Gedanken einfach zu sehen.

Für mich besteht die beste Methode, meinen Ärger so klar und deutlich wie möglich zu sehen, ohne in die Inhalte verwickelt zu werden, darin, zwischen einer kurzen Gedankenklärungsmeditation von ein paar Sekunden und der distanzierten Betrachtung der Gedanken hin- und herzupendeln. Die Pause zur Klärung meiner Gedanken, auch wenn sie nur ganz kurz ist, hilft mir, mich zurückzulehnen und den Film meiner Gedanken an mir vorüberziehen zu lassen.

Übe dich darin, zu visualisieren, wie du dich mit Hilfe der Meditation in Gegenwart deiner ärgerlichen Gedanken entspannen und nachgiebig bleiben kannst, indem du abwechselnd die Gedanken beobachtest und deine bevorzugte Meditation praktizierst. Je öfter du das tust, desto leichter wird es dir fallen, angesichts der ärgerlichen Gedanken, die im Alltag in dir aufkeimen, innerlich beweglich zu bleiben, anstatt dich von ihnen beherrschen zu lassen.

Meditatives Erleben von Ärger im Alltag

Natürlich ist es etwas völlig anderes, absichtlich einen ärgerlichen Gedanken herbeizuführen, als ohne eigenes Zutun in eine ärgerliche Situation zu geraten. Nachdem du mindestens ein- oder zweimal die Übung des meditativen Erlebens von Ärger gemacht hast (oder wenn immer du dich bereit fühlst), geh noch einmal die Ärgerbezeichnungsübung durch. Nur daß du diesmal dem ersten tatsächlich auftretenden ärgerlichen Gedanken nicht nur einen Namen gibst, sondern dir auch einen Moment nimmst, um den mit dem Gedanken verbundenen Empfindungen nachzuspüren, die auftreten, sobald du ihm einen Namen gegeben hast. Sind diese Empfindungen grundsätzlich anders als bei der vorbereitenden Übung? Sind sie vielleicht weniger beherrschbar? Bist du von ihnen überrascht?

Laß dir Zeit, um deinen Ärger näher zu beobachten, bevor du versuchst, daran zu arbeiten, wie es in den folgenden Abschnitten beschrieben ist. Versuche, dich nicht dafür zu verurteilen, daß du ärgerliche Gedanken hast. Sich über sich selbst zu ärgern, weil man sich über etwas ärgert, bringt nichts als zusätzlichen Ärger. Es ist zwar natürlich, aber keineswegs nützlich. Versuche also, dich nicht zu richten – schließlich arbeitest du ja daran, also mach es dir nicht schwerer, als es ist.

Ärger und Gedankenketten

Nachdem du auf die oben beschriebene Weise begonnen hast, Ärger überwiegend auf der Ebene sinnlicher Empfindungen wahrzunehmen, kannst du anfangen, die Gedankenabläufe zu analysieren, die zu den ärgerlichen Gedanken geführt haben. Lies noch einmal das Kapitel «Gedankenkettenmeditation» von Seite 101, und schau dich dann nach den Gedanken (oder nach den Ereignissen, die die Gedanken erzeugen) um, die deinem Ärger vorangehen.

Ich habe bereits gesagt, daß mein Ärger oft das Ergebnis von Angst und Gedankenlosigkeit ist. Erst vor kurzer Zeit ist mir aufgegangen, daß viele meiner ärgerlichen Gedanken aus bestimmten urteilenden Gedanken kommen, die ich «Widerwille» nenne. Für mich bedeutet Widerwille, daß ich meine Lage völlig negativ beurteile, «schwarz» sehe, weil ich unterschwellig davon ausgehe, daß der Kosmos mich auf eine bestimmte Weise zu behandeln habe – möglichst mit Samthandschuhen. Irgendwo, tief in mir, gibt es die Erwartung, daß alles leicht und schmerzlos zu geschehen habe, und wenn die Ereignisse diesen Erwartungen nicht entsprechen, bin ich beleidigt. Wenn ich mir diese Annahme einmal bewußtmache, wird mir klar, wie sinnlos sie eigentlich ist, und ich kann meinen Widerwillen leicht wieder loswerden.

Der Umgang mit Ärger

Wenn du dir der Gedankenverkettungen bewußt wirst, die Ärger nach sich ziehen, wirst du mit zunehmender Übung einige Sekunden Vorwarnzeit gewinnen, bevor der Ärger sich in dir breitmachen kann. Du hast dann Gelegenheit zu versuchen, angesichts des Ärgers, *sobald du ihn identifiziert hast*, innerlich nachgiebig zu bleiben. Einige Menschen brauchen dazu nichts weiter als einen Moment ihrer bevorzugten Meditation (obwohl es nicht immer leicht ist, die Disziplin aufzubringen, sie im rechten Moment auch zu tun). Andere finden die Herzkiemen- oder die Ah-und-Oh-Meditation (Seite 116 bis 117) hilfreich. Die einfachen Übungen zu Schmerz und Widerstand auf Seite 127 bis 134 sind eine gute vorbereitende Übung für die Beschäftigung mit Ärger, denn die meisten Menschen können mit scharfem Chilipfeffer oder kaltem Wasser weitaus leichter fertigwerden als mit ihrem Zorn oder sogar mit berechtigter Erregung.

Ärger unterdrücken?

Vergiß nicht, daß es hier nicht das Ziel ist, dem Ärger aus dem Weg zu gehen oder überhaupt keine ärgerlichen Gedanken zu haben. Du versuchst lediglich, dich nicht von ihnen gefangennehmen zu lassen. Wenn du auf deinen Ärger schauen kannst, ohne selbst ärgerlich zu werden (entweder über dich selbst, weil du ärgerlich bist, oder über den Grund deines Ärgers), ist der Ärger kein Problem mehr, sondern nur einer von vielen Gedanken, die dir durch den Kopf gehen.

Ich sage nicht, daß das leicht ist, denn der Ärger ist einer jener Gedanken, denen man sich nur schwer entziehen kann. Immer wenn ich merke, daß ich auf einen meiner ärgerlichen Gedanken reagiere, anstatt ihn zu beobachten, erinnert mich das auf fatale Weise an Groucho Marx in «Duck Soup» (deutscher Titel: Die Marx Brothers im Krieg), wo er der Präsident eines imaginären Landes ist. Nachdem ihn ein Botschafter eines ebenso imaginären Nachbarlandes tödlich beleidigt hat, begräbt er in seiner Großzügigkeit das Kriegsbeil. Er vergräbt es jedoch so tief, daß er sich nicht einmal mehr daran erinnern kann, *warum* er eigentlich beleidigt war. In einem Gespräch mit dem Botschafter erinnert er sich lachend an den Vorfall. Während er sich scherzend mit dem

Botschafter unterhält, entwickelt sich aus dem bloßen Gespräch über den *Vorgang* der Beleidigung allmählich immer mehr eine *Reaktion* auf deren immer deutlicher werdenden Inhalt. Natürlich wird er dabei wütender und wütender, bis er schließlich dem Botschafter seinen Handschuh vor die Füße wirft und dem Land offiziell den Krieg erklärt.

Wenn es dir mit Hilfe der anderen Meditationen nicht gelingen will, deine ärgerlichen Gedanken nur zu beobachten, statt auf sie zu reagieren, hilft dir vielleicht eine kurze Mitgefühlsmeditation. Oder du versuchst es mit einer Mini-Meditation mit nur einem Atemzug (Seite 154). Wenn du ein kleines Kind sehen würdest, das unter Schmerzen leidet und zornig ist, würdest du es in den Arm nehmen und deine Liebe und dein Mitgefühl anbieten. Es gibt also keinen Grund, nicht auch für dich selbst Mitgefühl aufzubringen, selbst wenn du wütend, voller Vorurteile und Widerwillen bist. Im Gegenteil: Gerade wenn du unter diesen schmerzhaften Gedanken leidest, brauchst du am meisten Mitgefühl.

Ärger und Meisterschaft

Ärger kann sich lohnen. Wenn wir unserem Ärger freien Lauf lassen und ihn an anderen auslassen, kann uns das durchaus in gewissen Situationen helfen, unseren Willen durchzusetzen, und selbstgerechter Zorn kann durchaus etwas Befriedigendes haben. Mit wirklicher Meisterschaft im Leben hat er jedoch wenig zu tun. Wirkliche Befriedigung können wir nämlich nur erfahren, wenn wir mit schwierigen Gedanken und Situationen auf meditative Weise umgehen, anstatt uns von unserem Ärger leiten zu lassen. Darüber hinaus können wir mit uns selbst weitaus geschickter und mit mehr Mitgefühl umgehen, gerade wenn wir Gedanken aushalten, die wir eigentlich lieber vermeiden würden. Auf jeden Fall ist es nützlicher zu lernen, mit dem eigenen Ärger umzugehen, als zu versuchen, niemals ärgerlich zu sein.

Sich annehmen

Was heißt es, sich selbst anzunehmen? Die meisten Menschen haben reichlich Erfahrung mit den Gefühlen, die mit Ärger verbunden sind, und wenigstens ein bißchen Erfahrung mit dem Gefühl von Entspannung. Sich selbst ganz anzunehmen, so, wie man ist, ist jedoch weitaus seltener. Dabei ist es relativ klar, was es heißt, sich selbst anzunehmen. Es bedeutet, sich so zu lieben und zu akzeptieren, wie man jetzt ist, nicht wie man gern sein möchte. Solange wir uns wünschen, daß irgend etwas an uns anders wäre, als es ist, nehmen wir uns nicht ganz an. Wenn wir es darauf abgesehen haben, uns wirklich anzunehmen, dürfen wir uns nicht einmal einen Vorwurf daraus machen, daß wir uns nicht ganz annehmen können – ein Widerspruch in sich.

In vieler Hinsicht ist die Unfähigkeit, sich selbst anzunehmen, eine Art Vorurteil: Sie ist ein Vorurteil gegen sich selbst. Sogar wenn wir ein positives Vorurteil von uns selbst haben, urteilen wir dennoch über uns selbst. Sich jedoch wirklich anzunehmen heißt, daß man Liebe und Mitgefühl für sich zeigt, *ohne* zu urteilen. Über sich selbst zu urteilen ist, selbst wenn es dem Selbstvertrauen bisweilen nützt, völlige Willkür. Der Erfolg von gestern wird nur allzuschnell zum Standard, und wir fühlen uns unter dem kritischen Auge unseres urteilenden Verstandes als Versager, wenn wir ihn heute nicht mehr erfüllen können.

Natürlich *scheinen* viele Menschen, von Politikern zu Rock-, Pop- und Sportstars, über ein gewaltiges Selbstbewußtsein zu verfügen, was nichts anderes heißt, als daß sie sich selbst positiv beurteilen. Zumindest verstehen sie es, andere davon zu überzeugen, wie toll sie sind und wie recht sie haben. Dabei ist es ebenso offensichtlich wie bedauernswert, daß sie ihre übertriebene Selbstliebe nur vorspiegeln müssen, um ihren Mangel an echter Selbstakzeptanz zu verbergen. Unser Ziel ist es, die unbarmherzige Selbstkritik zu mildern, die oft eine derartige Fassade notwendig macht, um wenigstens einen Rest von Selbstwertgefühl aufrechtzuerhalten. Wenn wir uns wirklich annehmen, so wie wir jetzt sind, brauchen wir auch keine Masken und falschen Fassaden, um unsere Mitmenschen zu beeindrucken.

Selbstkritik aufdecken

Sowohl Gedanken, mit denen wir uns selbst kritisieren, als auch solche, mit denen wir uns selbst annehmen, sind oft nicht so leicht zu erkennen wie zum Beispiel Ärger. Bevor wir also darangehen können, sie zu identifizieren und zu benennen, müssen wir sie mit Hilfe einer Meditation erst einmal aufdecken. Da es den meisten Menschen leichter fällt, sich selbst anzunehmen, nachdem sie begonnen haben, selbstkritische Gedanken zu identifizieren und zu mildern, wollen wir erst einmal unsere Tendenz, uns ständig zu beurteilen, unter die Lupe nehmen, bevor wir uns der Selbstannahme widmen.

Du kannst mit schmerzlicher Selbstkritik genauso umgehen, wie du es bereits mit den ärgerlichen Gedanken getan hast. Auch hier sollten wir aufhören zu sagen: «Ich sollte nicht...», «Ich bin ein schlechter...» oder «Alle anderen machen es besser als ich». Statt dessen können wir sagen: «Schon wieder ein selbstkritischer Gedanke, der da auftaucht».

Als erstes kannst du einen selbstkritischen Gedanken absichtlich hervorrufen. Ohne besonders zu versuchen, Verständnis für den Inhalt des Gedankens (zu Beispiel: «Ich bin zu dick») zu wekken, rücke den Gedanken einfach in den Mittelpunkt deiner konzentrierten Aufmerksamkeit. Dann laß den Brennpunkt deiner Aufmerksamkeit für ein paar Sekunden zwischen deiner bevorzugten Gedankenklärungsmeditation und dem selbstkritischen Gedanken hin- und herwandern. Wenn du das ein paarmal gemacht hast, wirst du merken, wie die Selbstkritik immer milder und weniger schmerzlich wird und schließlich zu einem bloßen gedanklichen Gegenstand geworden ist, den du betrachten kannst wie jeden anderen.

In einer sehr nützlichen Variante dieser Übung visualisierst du dich dabei, wie du mit Hilfe der Meditation angesichts eines selbstkritischen Gedankens innerlich nachgiebig bleibst. Auch hier gilt die Regel aller fernöstlichen Kampfsportarten: Je mehr du unter kontrollierten Bedingungen üben kannst, desto besser bist du auf den Ernstfall im Alltag vorbereitet.

Selbstkritik benennen

Nimm dir etwas Zeit, um – genauso wie du es bei der «besonderen Gedankenzählmeditation» (Seite 97) und mit deinen ärgerlichen Gedanken getan hast – selbstkritische Gedanken zu definieren und mit einem Etikett zu versehen, immer wenn sie tagsüber auftauchen. Hast du oft selbstkritische Gedanken? Selten? Versuche festzustellen, bei welchen Gelegenheiten sie auftauchen. (Es kann durchaus nützlich sein, sich dazu einige Notizen zu machen.) Bist du selbstkritischer zu Hause oder auf der Arbeit? Wenn du beschäftigt bist oder wenn du nichts tust? Unter Streß oder wenn du entspannt bist? Wenn du über andere Menschen nachdenkst? Ist deine Selbstkritik mit anderen Gedanken oder Handlungen verbunden? Kannst du Gedankenketten identifizieren, die dich zu selbstkritischen Gedanken führen?

Selbstkritik im Alltag identifizieren

Wenn du bereit bist, beginne noch einmal mit der vorangegangenen Übung, mit dem Unterschied, daß du diesmal nicht die Umstände, unter denen die Gedanken auftauchen, und die Gedanken selbst identifizierst, sondern wartest, bis ein selbstkritischer Gedanke auftaucht, um ihn dann für einen Augenblick ins Zentrum deiner Aufmerksamkeit zu rücken. Ist deine Selbstkritik mit ärgerlichen Gedanken verbunden? Mit Neid? Mit Angst? Spürst du innere Widerstände gegen die bloße Beobachtung dieser Art von Gedanken? (Da wärst du keineswegs der erste.)

Auch hier empfiehlt sich die Methode der Abwechslung zwischen dem selbstkritischen Gedanken und deiner bevorzugten Meditation. Halte weiter Ausschau nach Gedankenketten oder Situationen, die anscheinend Selbstkritik auslösen. Immer wenn du meinst, du müßtest dich selbst wegen eines selbstkritischen Gedankens kritisieren, geh wieder zurück zu deiner Meditation, und der Gedanke wird wahrscheinlich von selbst wieder verschwinden. Hüte dich davor, selbstkritischen Gedanken zuviel Raum zu geben, indem du zuläßt, daß sie sich als Schritte auf dem Weg zur Besserung tarnen: «Aber ich muß doch selbstkritisch sein! Wie sollte ich mich sonst verbessern?» Dieser Gedanke ist nichts weiter als ein weiterer schleichender Angriff auf dein Selbstbewußtsein und die Fähigkeit, dich so zu akzeptieren, wie du bist. Wenn du dich so akzeptierst, wie du bist, dann heißt das, daß du es *jetzt* tust. Das heißt jedoch nicht, daß du nicht daran interessiert bist, deine innere und äußere Situation zu verbessern, und nichts dafür tun kannst (siehe Seite 35 f.). Es heißt lediglich, daß du bei deinen Bemühungen ohne negative selbstkritische Gedanken auszukommen versuchst.

Mit Selbstkritik umgehen lernen

Ebenso wie beim Umgang mit Ärger ist es für die konstruktive Auseinandersetzung mit Selbstkritik wichtig, sich der Gedankenketten und Umstände bewußt zu werden, die zu solchen Gedanken führen. Ebenso wichtig ist in diesem Zusammenhang die Fähigkeit, in der Konfrontation mit dem Schmerz, der damit verbunden ist, daß du nicht so bist, wie du gern sein würdest, und dich nicht annehmen kannst, dich nicht innerlich zu verhärten und zu verspannen.

Wie in allen Übungen, bei denen es darauf ankommt, angesichts von Schmerzen innerlich nachgiebig zu bleiben, ist es wichtig, den Gedanken zu beobachten, anstatt sich von seinen Inhalten gefangennehmen zu lassen. Wie wir gesehen haben, ist das gar nicht schwer. Dabei kann es helfen, wenn wir uns daran erinnern, daß der durch Selbstkritik (Selbsthaß) verursachte Schmerz schlimmer ist als der mit der Ursache der Selbstkritik verbundene Schmerz (Überessen, Faulheit oder Pickel). Einige Minuten der Mitgefühlsmeditation (Seite 119) können helfen, das zu verdeutlichen. Ebenso hilfreich kann ein Gedanke an die «Meisterschaft» sein, da die Fähigkeit, sich selbst ungeachtet aller Widrigkeiten zu akzeptieren, wichtiger ist als die Fähigkeit, an deiner psychischen, physischen oder finanziellen Fassade zu feilen.

Daran arbeiten, sich selbst anzunehmen

Es reicht nicht aus, wenn wir an unserer Reaktion auf unsere Selbstkritik arbeiten, sondern wir sollten darüber hinaus die Gedanken stärken, die uns helfen, uns selbst anzunehmen. Ebenso wie du es in der Übung auf Seite 116 f. mit äußeren Umständen getan hast, so faßt du absichtlich einen Gedanken, den du typischerweise über dich selbst haben würdest, und beobachtest drei Minuten lang bewußt dein Denken, ohne darüber zu urteilen. Jedesmal wenn dir ein selbstkritischer Gedanke in den Sinn kommt («Schau dir nur diese Hüften an!» oder «Ich hätte heute morgen lieber lernen sollen...»), betrachte den Gedanken, ohne dich innerlich zu verspannen, wobei du deine bevorzugte Meditation zu Hilfe nimmst. Je mehr du deine innere Einstellung, dich selbst anzunehmen, mit Hilfe von Übungen festigst, desto leichter wirst du auch im Alltag dir gegenüber so denken und fühlen. Nachdem du die Übung ein paarmal praktiziert hast, wirst du sogar in der Lage sein, einen selbstkritischen Gedanken, unmittelbar wenn er entsteht, durch einen Moment der Selbstakzeptanz zu ersetzen, anstatt dich erst durch eine Atemmeditation darauf einstimmen zu müssen.

Wenn es dir nicht einmal für drei Minuten gelingen will, dich ganz anzunehmen, solltest du dich so oft wie möglich mit den drei Meditationen zum Mitgefühl befassen und anschließend zu dieser Übung zurückkehren (wenn möglich direkt danach).

Selbstakzeptanz und Meisterschaft

In gewisser Weise ist die Aufrechterhaltung einer inneren Einstellung, durch die man sich selbst ganz annimmt, eine Form von Meisterschaft im Leben. Wenn du dich wirklich liebst und akzeptierst, brauchst du andere nicht zu beeindrucken, einzuschüchtern oder an dich zu binden. Wahrscheinlich wirst du ganz von selbst ein einfühlsames und bewußtes Leben führen, ohne dich viel verändern zu müssen.

Ängste und Phobien

Was ist Angst? Was sind Phobien? Wenn wir im Wörterbuch nachschlagen, finden wir unter Angst: «mit Beklemmung, Bedrückung, Erregung einhergehender Gefühlszustand» und unter Phobie: «krankhafte Angst». Die Wahrheit jedoch ist, daß Ängste nichts weiter sind als Gedanken und Phobien die übersteigerte Reaktion auf diese Gedanken.

Das unangenehmste an unserer Reaktion auf unsere Ängste ist vielleicht die Art und Weise, wie uns allmählich das angsterfüllte Denken beschleicht und nicht nur unsere Gedanken, sondern unseren gesamten Körper erfüllt. Dennoch sind es letztlich wir selbst, die der Angst in uns Raum geben, und nur wir selbst können unsere Aufmerksamkeit auf unsere Angst lenken und sie betrachten wie jeden anderen Gegenstand oder Gedanken. Wir können sogar lernen, die Angst, sobald sie uns beschleicht, zu nutzen, um uns daran zu erinnern, wachsam und mitfühlend zu sein.

Angst benennen

Die meisten Menschen haben keine Probleme damit, ängstliche Gedanken bei sich zu identifizieren. Man braucht nach ihnen in der Regel nicht lange zu suchen. Möglicherweise bemerken wir jedoch nicht immer die Umstände, unter denen sie auftauchen, und die Gedankenketten, die zu ihnen führen. Es ist also auch bei ängstlichen Gedanken sinnvoll, aufkeimende Gedanken mit einem Etikett zu versehen, in der gleichen Weise, wie du es mit dem Ärger (Seite 162 ff.) und der Selbstkritik (Seite 168 ff.) getan hast.

Ängsten nicht aus dem Wege gehen

Eine der erfolgreichsten Psychotherapien im Umgang mit Ängsten und Phobien ist die systematische Desensibilisierung. Wenn eine Person beispielsweise eine furchtbare Angst vor Spinnen hat, zeigt man ihr, wie sie eine Entspannungsübung durchführen kann, ähnlich unserer Entspannungsübung auf Seite 114. Nachdem sie die Übung beherrscht, setzt man sie einer sehr leichten Form ihrer Angst aus – einer Spielzeugspinne oder einer Karikatur von einer Spinne oder vielleicht sogar nur dem Bild eines Käfers. Sobald die Person ihre Angst entwickelt, fordert man sie auf, ihre Entspannungsübung zu machen. Nach ein paar Sitzungen der wiederholten Konfrontation mit der Angst und nachfolgender Entspannung ist die Person dann für die milderen Formen der Angst nicht mehr empfänglich. An diesem Punkt führt der Therapeut eine etwas bedrohlichere Form des angstauslösenden Gegenstandes vor – etwa das Foto einer Spinne – und leitet damit die nächste Runde von Angst und Entspannung ein.

Auf diese Weise kann man die Person allmählich immer bedrohlicheren Formen der Angst aussetzen, bis sie schließlich die Entspannungsübung angesichts einer lebenden Spinne probieren kann.

Meditation kann man auf ähnliche Weise einsetzen. Tatsächlich ist das fast dasselbe wie der bewußte Gedanke an etwas Ärgerliches und der Versuch, mit Hilfe der bevorzugten Meditation innerlich weich und nachgiebig zu bleiben. Natürlich kann man dasselbe auch mit der Angst tun. Es ist jedoch bei sehr tiefsitzenden Ängsten und Phobien anzuraten, eine allmähliche Steigerung der Ängste, denen man sich aussetzt, vorzunehmen, ebenso wie dies ein Therapeut tun würde. Dies verursacht weitaus weniger Streß als der Versuch, sich gleich angesichts seiner schlimmsten Ängste entspannen zu wollen.

Der Unterschied zwischen Ängsten und Phobien

Der Unterschied zwischen Ängsten und Phobien ist derselbe wie der zwischen Gedanken und Emotionen (siehe Seite 162 f.). Angst ist der Gedanke an eine erwartete reale oder eingebildete Gefahr. Phobie ist das Verhalten, das wir entwickeln, wenn wir gewohnheitsmäßig auf einen bestimmten Angstgedanken unangemessen panisch reagieren. Phobien haben meist die Form strikter Verweigerung bestimmter Dinge. Die Angst vor einem Flugzeugabsturz äußert sich in einer panischen Verweigerung zu fliegen, und die Angst vor Bazillen führt dazu, daß man um jeden Preis meidet, jemandem die Hand zu geben.

Natürlich ist die Diagnose einer Phobie häufig sehr relativ. Vor zwanzig Jahren hätte jemand, der sich weigert, auf dem Markt angebotenes Gemüse zu essen, weil er auf seine Angst vor Pestizidrückständen reagiert, als Opfer einer Phobie gegolten. Heute kann man beinahe davon ausgehen, daß es eine vernünftige Vorsichtsmaßnahme ist, wenn man sich darüber besorgt zeigt. Nach dem Motto: «Ich bin nur vorsichtig, *du* bist es, der die Angst hat».

Glücklicherweise können sowohl Ängste als auch Phobien mit Hilfe der Meditation geheilt werden, weil beide lediglich das Resultat der Unfähigkeit sind, Reaktionen auf Gedanken zu kontrollieren. Fangen wir am besten mit den Ängsten an.

Ängste aufdecken: eine Übung

Wie du es bereits mit deinem Ärger getan hast, kannst du einen Gedanken oder ein Bild in dir hervorrufen, der dich ängstlich werden läßt. Glaube nicht, daß du gleich mit deinen tiefsten und dunkelsten Seiten anfangen solltest – fang erst einmal mit einem kleinen Schreckgespenst an. Wenn du merkst, daß du dich immer mehr in deine eigenen Ängste verwickelst (wie Groucho Marx, der immer wütender wird), wechsle deine Angst mit einem Moment der Meditation ab, und bleibe angesichts deiner Angst innerlich nachgiebig und gelassen.

Beobachte die körperlichen Empfindungen, die du bekommst.

Wird deine Atmung flacher? Schneller? Verspannt sich irgendein Teil deines Körpers? Was sonst kannst du noch feststellen?

Nun sieh, ob du noch irgendwelche anderen Gedanken beobachten kannst, die der Angst vorangegangen sind, auf sie folgen oder gemeinsam mit ihr auftreten. Selbst ein Bruchstück einer Erinnerung aus deiner Kindheit oder eine alte schmerzliche Erfahrung können von Bedeutung sein.

Führe die Übung ein paarmal durch, und versuche es dann mit einer etwas tiefsitzenderen Angst, jedoch noch nicht mit etwas wirklich Bedrohlichem. Zu empfehlen sind meditative Visualisierungen (wie auf Seite 111 ff.), in denen du visualisierst, wie du selbst angesichts deiner Ängste nachgiebig bleibst und deine Gedanken beobachtest, ohne dich in die Handlung ihres Films verwickeln zu lassen.

Angst im Alltag

Geh noch einmal zurück zu der Übung «Angst benennen», stelle aber diesmal deine Gedanken nicht nur fest und benenne sie, sondern beobachte eine wirkliche, konkrete Angst, die dich tatsächlich ergriffen hat. Da du mittlerweile Erfahrung darin hast, zu welchen Gelegenheiten die Angst in dir aufsteigt, wirst du sie mit etwas Glück nicht erst merken, wenn du schon ganz ergriffen bist, sondern bereits kurz vorher. Auch hier solltest du versuchen, deine Angst zu beobachten, ohne ängstlich zu werden, so, wie ein Völkerkundler die Sitten und Gebräuche eines fremden Stammes beobachten würde, ohne sie selbst anzunehmen. Wenn du selbst Angst bekommst, während du deine Gedanken beobachtest, weißt du, was du zu tun hast: meditieren.

Mit Hilfe der Meditation ist es mir gelungen, die schwere Hypochondrie zu überwinden, mit der ich mich seit meiner Kindheit herumgeplagt habe. Gelegentlich kommt mir zwar immer noch ein hypochondrischer Gedanke («Oje, das kann ja praktisch gar nichts anderes sein als die Tollwut!»), aber ich verrenne mich nur selten darin, selbst wenn ich müde bin oder unter Termindruck stehe. (Heute weiß ich, daß dies die häufigsten Gelegenheiten sind, zu denen ich unter Hypochondrie leide.) Ich sehe sie kommen. Sie sind fast wie alte Freunde, aus denen ich mir nichts mehr mache. Es ist, als begegne man seinem längst geschiedenen Lebensgefährten nach dreißig Jahren auf der Straße: Man sagt sich mit Gefühlen freundlicher Nostalgie guten Tag, aber hegt gleichzeitig ein gesundes Mißtrauen gegeneinander und möchte sich auf keinen Fall noch einmal aufeinander einlassen: «Oh, ja, Hypochondrie! Das waren noch Zeiten! – Tschüß!»

Phobien aufdecken

Ich kann niemandem empfehlen, sich absichtlich Phobien oder sehr starken Ängsten auszusetzen, es sei denn, man verfügt bereits über ausgiebige Erfahrungen in der Konfrontation mit kleineren Ängsten. Falls dir natürlich wie aus heiterem Himmel ein angstvoller Gedanke kommen sollte (so kommen sie meistens), kann es sicherlich nützlich sein, darüber zu meditieren – schreien, wegrennen oder Fingernägel kauen kannst du später immer noch. Sobald du bereit bist für etwas stärkere Ängste, kann diese und die folgende Übung dir helfen, geschickter mit Phobien und angstbestimmtem Verhalten umzugehen.

Wenn du gerade einmal nicht so heftig von deiner Angst geplagt wirst, nimm dir ein paar Minuten Zeit für deine bevorzugte Meditation. Bewahre dir dabei deine gesunde Neugier, und mach dir deine Phobie bewußt. Falls du mehrere Phobien gleichzeitig hast, nimm zuerst die, die dir am wenigsten beunruhigend erscheint. Es wird sich herausstellen, daß die Phobie nichts anderes ist als eine Reihe ängstlicher Gedanken über ein bestimmtes Thema, auf das du reagierst, indem du ein bestimmtes Verhalten um jeden Preis vermeidest.

Nehmen wir an, du leidest unter einer der häufigsten Phobien, der Angst, vor Publikum zu sprechen. Falls das so ist, stell dir vor, du gehst einer Situation aus dem Weg, in der du vor einer Gruppe von Menschen sprechen sollst. Stell dir die Ängste vor, die in dir aufsteigen. Das kann die Angst sein, nicht zu wissen, was du sagen sollst, die Angst zu stottern, rot zu werden oder etwas Dummes zu sagen. Merkst du, daß du dich irgendwo schämst, die Situation lieber meiden würdest? Bist du erleichtert, wenn du nichts sagst? Oder denkst du an etwas anderes? Was wäre, wenn die Situation ein wenig anders wäre? Wenn du nur vor zwei oder drei Menschen sprechen oder vor laufenden Kameras etwas sagen solltest? Beobachte deine Vorstellungen so, wie ein erfahrener Zoologe eine Reihe unbekannter Tiere beobachten würde – mit Neugier, aber auch ein wenig Furcht. Was kannst du lernen, wenn du sie beobachtest? Wenn du merkst, daß du auf die ängstlichen Gedanken reagierst und Angst vor ihnen hast, sträube dich nicht dagegen, sondern kehre einfach für einen Moment zu deiner Meditation zurück, und beende erst einmal die Übung. Du kannst sie jederzeit, wenn du dich dazu bereit fühlst, wieder aufnehmen, eine Stunde oder auch einen Tag später, und noch einmal versuchen, die Haltung interessierter, aber etwas losgelöster Neugier beizubehalten.

Mit Phobien umgehen lernen

Wenn du gelernt hast, dich ein Stück weit auf deine Phobien einzulassen, bist du bereit, eine Serie von Visualisierungen steigender Intensität durchzuführen, bei denen du dich darin üben kannst, nachgiebig zu bleiben. Diese Serie sollte mit einer Visualisierung beginnen, die sich kaum bedrohlich anfühlt, und mit einer enden, die dir im Augenblick sehr zu schaffen macht. Es hat sich herausgestellt, daß für die meisten Menschen eine Serie von sechs bis zehn Visualisierungen verschiedener Intensität am besten funktioniert.

Bei dem Beispiel der Angst, vor Publikum zu sprechen, kannst du damit beginnen, daß du dir vorstellst, wie du zwei Freunden eine schriftliche Mitteilung vorliest, ohne ihnen dabei in die Augen zu sehen. Wenn du bei dieser Vorstellung Angstgefühle bekommst, begib dich sofort zurück zu deiner bevorzugten Meditation. Wenn du zwischen der Visualisierung und der Meditation abwechselst und dir trotzdem keine angstfreie Visualisierung möglich ist, stell dir etwas noch weniger Bedrohliches vor.

Sobald du in der Lage bist, zwischen der Visualisierung und der Meditation zu wechseln, ohne Angst zu bekommen, stell dir eine etwas bedrohlichere Situation vor. Etwa, wie du beim Verlesen des Briefes deinem Gegenüber gelegentlich in die Augen schaust. Fahre fort, zwischen der Visualisierung und der Meditation hin- und herzuwechseln, bis du dich nicht mehr länger ängstlich fühlst.

Wenn du erst einmal deine ganze Palette von sechs oder mehr Szenarios durchlaufen hast, kannst du dir vorstellen, eine kurze freie Rede vor einem Dutzend Freunden oder Kollegen zu halten.

Phobien im Alltag

Nach der Visualisierung deiner Phobien kannst du dich nun an eine Situation im realen Leben wagen, die dir normalerweise angst macht. Eine gute Möglichkeit ist ein Rollenspiel, in dem du eine Situation nachspielst (möglichst mit Freunden, die deine Phobie kennen), in der du das harmloseste deiner visualisierten Szenarios aus der vorangegangenen Übung nachstellst. Achte darauf, daß es eine Situation ist, in der du jederzeit in der Lage bist, die Übung zu unterbrechen und dich mit Hilfe einer Meditation zu entspannen.

Wenn du danach immer noch nicht in der Lage bist, deine gewohnheitsmäßige Abneigung gegen bestimmte Dinge aufzugeben, versuche dich vorerst nur den weniger beängstigenden Situationen zu stellen. Sobald du in diesen deine Phobie überwunden hast, wiederhole erst einmal die mit Erfolg gemeisterten Situationen, bevor du zur nächsthöheren Stufe weitergehst. Erst wenn du dich allmählich ganz sicher zu fühlen beginnst, versuche dich an der nächsthöheren Bedrohlichkeitsstufe. Vergiß jedoch nie, dir täglich selbst ausreichend Mitgefühl zu schenken. Niemand hat es je geschafft, nach Macho-Art seine Phobien einfach wegzustekken. Laß dir Zeit, und beschäftige dich während der Arbeit an deinen Phobien ausgiebig mit den Meditationen zur Selbstakzeptanz und zum Mitgefühl. Du tust viel besser daran, dich mitsamt deinen Phobien zu akzeptieren, als zwar möglicherweise keine Phobien mehr zu haben, aber dich statt dessen selbst nicht mehr zu mögen und kein Mitgefühl für dich übrig zu haben.

Angst und Meisterschaft

Wenn du einen ängstlichen Gedanken bei dir beobachten kannst und dabei dein weites Herz behältst, voller Mitgefühl für dich selbst, dein furchtsames Wesen, praktizierst du Meisterschaft im Leben. Du strebst nicht nach einem Leben frei von Angst, sondern nach einem Leben, in dem du in der Lage bist, dich deinen Ängsten zu stellen, wenn sie auftauchen. Die Übungen im folgenden Kapitel werden dir helfen, dies zu erreichen – vorausgesetzt natürlich, du machst von ihnen Gebrauch.

Verlust und Trauer

Was ist Verlust? Grace Slick, die Sängerin der legendären Popgruppe Jefferson Airplane, gab ihren Fans in einem Lied den Rat, daß du niemals über den Verlust von etwas weinen sollst, was nicht ebenfalls weinen würde, wenn es dich verlöre. Das klingt zwar wie ein guter Rat, ist jedoch nicht immer leicht, weil wir bei jedem Verlust den Schmerz der Trauer fühlen, und es gibt viele verschiedene Arten von Verlust. Einige Verluste sind innerlich, wie der Verlust eines jugendlichen Selbstbildes oder der Verlust von Idealen. Andere sind äußerlich, wie der Verlust von Arbeitsplatz, Geld oder Beziehungen. Obwohl man über jeden Verlust Trauer empfinden kann, ist der größte Verlust der Tod eines geliebten Menschen.

Sogar der Schmerz dieses größten aller möglichen Verluste hängt letztlich nur an Gedanken, und alle Gedanken sind veränderlich und können beeinflußt werden. Das heißt jedoch auf keinen Fall, daß wir nicht trauern oder in irgendeiner Weise unsere Trauergefühle unter Kontrolle halten sollten.

Es gibt die Geschichte eines großen spirituellen Meisters, Marpa, der von einem Schüler dabei beobachtet wird, wie er den Tod seines Sohnes beweint. «Aber Meister», sagt da der Schüler, «du hast uns immer gelehrt, daß der Tod nur eine Illusion ist. Warum weinst du dann?» Marpa antwortet: «Jawohl, der Tod ist eine Illusion. Und der Tod eines geliebten Menschen ist die mächtigste und schmerzlichste aller Illusionen.»

Marpa kam seinem Bedürfnis zu trauern nach, obwohl er sich als Meditierender seiner Fähigkeit, seine Reaktionen auf seine Gedanken zu kontrollieren, bewußt war. Das ist eine der größten Herausforderungen für alle Meditierenden. Wir können lernen, beides zu tun, und trotz der Fähigkeit, unsere Gedanken zu beherrschen, unsere Klarheit und unser Mitgefühl bewahren.

Trauerarbeit

Ich würde es mir zu leicht machen, wenn ich behaupten würde, daß es ebenso leicht sein kann, mit den Gedanken und Gefühlen anläßlich des Todes eines geliebten Menschen fertigzuwerden, wie mit ärgerlichen oder ängstlichen Gedanken. Tatsächlich ist die Trauer, die auf den Tod eines Angehörigen oder Freundes folgt, oft so schmerzhaft und unüberwindlich, daß ich empfehle, vorerst an weniger gravierenden Einschnitten im Leben zu arbeiten. Natürlich liegt es nicht in unserer Hand, welche Verluste uns im Leben begegnen, und ich werde nach den Abschnitten, die sich mit geringeren Verlusten beschäftigen, auch auf die tiefen Einschnitte und die damit verbundene Trauer eingehen.

Verluste etikettieren

Wenn du magst, kannst du die weiter oben beschriebenen Meditationen zum Etikettieren von Gedanken auch auf deine Trauer anwenden. Das kann besonders dann nützlich sein, wenn du das Gefühl hast, unter bestimmten Verlustgedanken zu leiden, aber nicht sicher bist, welcher Art sie sind. Das ist jedoch nur selten der Fall. Gewöhnlich ist die Trauer über einen Verlust ziemlich offensichtlich, und du wirst gleich mit der Übung «Verluste aufdecken» beginnen.

Verluste sichtbar machen

Ebenso wie du es mit anderen Gedanken getan hast, kannst du dir den Gedanken an jemanden oder etwas, das du verloren hast, bewußt machen und ihn näher untersuchen. Es ist am besten, die Übung erst einmal mit einem Gegenstand zu beginnen (einem Lieblingsspielzeug oder einem Kleidungsstück, das du schon lange nicht mehr besitzt). Dann versuchst du es mit etwas, an das du früher fest geglaubt hast, aber das du heute anders siehst (den

Weihnachtsmann, den Sozialismus, bestimmte Politiker). Wenn du dich dann stark genug fühlst, kannst du dich an den Gedanken an den Verlust eines Haustieres oder sogar eines Freundes heranwagen.

Fühlen sich die verschiedenen Verluste verschieden an? Wie? Bist du traurig? Einsam? Verängstigt? Wenn du merkst, daß du dich von dem Verlustgedanken gefangennehmen läßt (und dadurch den vorangegangenen Gedanken vergißt), wechsle den Verlustgedanken mit einem Moment deiner bevorzugten Meditation ab, um angesichts des Gedankens innerlich nachgiebig und flexibel zu bleiben.

Du kannst diese Gedankenabläufe als Ausgangsbasis für eine meditative Visualisierung nehmen. Visualisiere zuerst nur kleinere Verluste. Stell dir vor, wie du den Schmerz des Verlustes erträgst, ohne dich dabei zu verspannen. Wenn dir das gelingt, visualisiere einen schwerwiegenderen Verlust, und bleib dabei weich und beweglich. Wenn dir die Übung zu schmerzhaft erscheint, lies noch einmal das ganze Kapitel von vorn, bevor du erneut beginnst, und beschäftige dich noch einmal mit der Stärkung deines Mitgefühles (Seite 116ff.).

Verluste im Alltag

Wir neigen dazu, in Gedanken für lange Zeit an unseren Verlusten festzuhalten; es besteht daher kein großer Unterschied zwischen der vorangegangenen Übung und einer wirklichen Erfahrung im Alltag. Im wesentlichen kommt es darauf an, daß der Gedanke, an dem du arbeitest, ein gerade tatsächlich erlittener Verlust ist oder einer, der dir noch stark im Gedächtnis geblieben ist. Je schmerzlicher der Verlust, desto mehr mußt du wahrscheinlich über ihn meditieren, um dich bei dem Gedanken nicht zu verkrampfen.

Vergiß nicht, daß du wie der weise Marpa *nicht* versuchst, Gefühle von Trauer und Verlust zu vermeiden, denn sie sind die menschlichsten Gefühle und müssen ernst genommen werden. Du versuchst jedoch, so oft wie möglich dir auch unter den schwierigsten Bedingungen darüber bewußt zu bleiben, daß es sich nur um Gedanken handelt, die du beobachten und mit denen du dich mittels der Methoden, die du durch dieses Buch gelernt hast, beschäftigen kannst.

Versuche zu verstehen, daß auch die stärksten Gefühle, die in deinem Leben auftauchen, nur das Ergebnis von *Gedanken* an Verluste, an Trauer, an Angst und Ärger sind und daß du an ihnen arbeiten und in ihrer Gegenwart entspannt bleiben kannst, ebenso wie du dies mit allen anderen Gedanken getan hast.

Natürlich kann das bei einem besonders schweren Verlust sehr schwer sein. Im folgenden werde ich zwei Methoden beschreiben, von denen ich Gebrauch gemacht habe, um mit meiner eigenen Trauer fertigzuwerden, und die ich zusammen mit meinen trauernden Patienten angewendet habe. Wenn du gerade einen schweren Trauerfall durchlebst, solltest du, soweit du dazu in der Lage bist, beide versuchen.

Mitgefühl und Trauer

Einen geliebten Mitmenschen zu verlieren ist der stärkste emotionale Schmerz, den ein Mensch durchleiden kann. Es gibt kein Patentrezept, um mit solchem Schmerz umzugehen. Das einzige, was immer hilft, ist Mitgefühl. Wenn dir vor Trauer fast das Herz zerreißt, wird dir nur tief empfundenes Mitgefühl für dich selbst und für die menschliche Misere helfen können, angesichts des Schmerzes und deiner Gedanken von Ärger, Angst und Widerwillen innerlich nachgiebig zu bleiben und dich nicht zu verspannen.

Wenn du kannst, praktiziere die Übung für das Mitgefühl von Seite 119f. Wenn nicht, versuche es mit den Atemübungen für das Mitgefühl von Seite 116f. oder mit der «Mitgefühlsmeditation in einem Atemzug» (Seite 193ff.), und versuche, in dein gebrochenes Herz etwas Weichheit hineinzuatmen. Laß es zu, daß dein Herz zerreißt, atme weiter, und bleibe weich trotz aller Gedanken, die dir kommen mögen. Versuche nicht, deine Gedanken loszuwerden, sondern schaff dir eine geistige Weite um sie herum, indem du die Augenblicke zwischen den Gedanken nutzt, um mit deinem Atem Mitgefühl in dein Herz einfließen zu lassen. Versuche buchstäblich in jeder Minute, mit jedem Atemzug, eine Mini-Meditation.

Es ist, wenn man in traurigen Gedanken versinkt, kaum zu glauben, aber wahr: mit Mitgefühl kommst du besser durch die schweren Zeiten, als wenn du hättest, was du vermißt, aber kein Mitgefühl.

Wenn du eine Phase intensiver Trauer durchlebst, empfehle ich dringend zwei Dinge: Erstens solltest du dir einen guten Therapeuten nehmen, der über Erfahrungen in der Trauerarbeit verfügt, und zweitens solltest du Stephen Levines Buch «Wer stirbt?» (siehe Bibliographie) lesen. Elisabeth Kübler-Ross sagt über Levines Arbeit, daß sie regelrechte Wunder vollbringen kann.

Trauer und Gedankenbeobachtung

Viele Menschen ziehen in Zeiten von Verlust und Trauer große Erleichterung aus den Techniken der Gedankenbeobachtung. Wenn du bei anderen Gedanken mit der Methode der Gedankenbeobachtung gute Erfahrungen gemacht hast, kannst du sie durchaus auch auf deine Trauer und die Gedanken an deinen Verlust anwenden.

Versuche, wenn möglich, deine Trauergedanken zu beobachten und dabei so oft wie möglich zu einer der Übungen des Mitgefühls zurückzukehren.

Während du deine Gedanken beobachtest, wirst du wahrscheinlich feststellen, daß das, was wir Trauer nennen, keine einzelne Emotion ist, sondern aus zahlreichen Elementen besteht: Wut (auf den Dahingeschiedenen, weil er dich verlassen hat), Angst (davor, was nun aus dir werden soll), Schuld, Einsamkeit, Gefühllosigkeit, aber auch Erleichterung und verschiedene andere Regungen. Vielleicht wirst du in der Lage sein, gelegentlich deine verschiedenen Gedanken aufzudecken, zu benennen und bewußt zu erleben, wenn sie dir durch den Kopf gehen: einen Moment der Einsamkeit, einen Moment der Angst, einen Moment der Betäubung. Noch besser wäre es jedoch, jeden einzelnen Gedanken, statt ihn bloß mit einem Etikett zu versehen, mit soviel Mitgefühl wie möglich zu erleben.

Wellen der Trauer

Trauer ist kein gleichmäßiger Zustand. Vielmehr scheint sie in einer Reihe von Wellen verschiedener Intensität aufzutreten. Wie bei den Geburtswehen, wenn die werdende Mutter sich während der Kontraktionen furchtbar anstrengen muß, aber dazwischen immer wieder für einen Moment entspannen kann, erleben wir auch die Trauer um einen Menschen in Wellen. Wenn wir achtsam genug sind, um den steigenden und fallenden Fluß unserer Trauer zu bemerken, können wir uns mitfühlend, frei von Selbstvorwürfen und Schuldgefühlen, einen Augenblick relativer Schmerzfreiheit ermöglichen oder sogar für einen Moment überhaupt nichts mehr spüren. Das läßt uns eine kleine Atempause im Schmerz unserer Trauer.

Selbst die kleinste Pause von unserem Schmerz kann uns ermöglichen, unsere Trauerarbeit mit etwas mehr Raum für Mitgefühl und innere Achtsamkeit wieder aufzunehmen. Und je mitfühlender und achtsamer wir sind, desto größeren Nutzen können wir aus diesen kleinen Verschnaufpausen ziehen. Für mich waren die seltenen Momente, in denen nach dem Verlust meines teuren Freundes Timmy der Schmerz einmal nachließ und ich für ein paar Sekunden oder Minuten an etwas anderes denken konnte als an Tim, die ersten Anzeichen meiner Heilung. Und – wie ich weiter unten noch ausführen werde – die Zeit heilt alle Wunden.

Etappen der Trauer

Es bedarf eines außerordentlichen Bewußtseins dafür, was wirklich abläuft, von Augenblick zu Augenblick oder sogar von Sekunde zu Sekunde, um überhaupt wirkungsvoll mit der Trauer umgehen zu können. Um das zu können, sollten wir uns von allen Vorstellungen befreien, die wir von Trauer oder davon, wie sie auszusehen hat, haben. Es ist daher wichtig zu verstehen, was mit «Etappen der Trauer» oder «Etappen des Todes» gemeint ist.

In den späten sechziger Jahren erlangte die bahnbrechende Arbeit von Elisabeth Kübler-Ross über die verschiedenen Etappen des Sterbens große Popularität. Den Ablauf, den sie dem Vorgang des Sterbens zugrunde legte (Sammlung, Ordnung, Verneinung, Wut, Feilschen, Depression und Annahme), wurden in der Folge auch auf den Prozeß des Trauerns angewendet. Viele Menschen sahen jedoch leider nicht, daß es sich bei diesen Stufen nicht um einen starren Ablauf handelt, sondern um ein flexibles Gerüst, um zu erforschen, wie verschiedene Menschen auf ihren Tod reagieren. Die individuellen Reaktionen sind jedoch erheblich verschieden. Die Intensität und das Spektrum der Emotionen, die bei der Trauer erlebt werden, sind höchst individuell. Ein Mensch drückt seine Trauer vielleicht in Form einer erlösenden Tränenflut aus, während ein anderer still und zurückgezogen für lange Zeit leidet. Es gibt keine falsche und keine richtige Weise, nur verschiedene Menschen, die auf verschiedene Weise reagieren.

Ebenso fehl am Platze ist es, für den Ablauf der Trauer einen zeitlichen Rahmen festlegen zu wollen. («Den Tod eines Freundes sollte man in einem und den Tod eines Elternteiles in drei Monaten überwunden haben.») Das wäre ein Versuch, einen Vorgang, der für jeden Menschen anders ist, in ein starres Schema pressen zu wollen. Nur eines ist sicher: Die Zeit heilt alle Wunden, auch diejenigen, die durch den Verlust eines geliebten Mitmenschen zugefügt worden sind.

Zeit der Heilung, Heilung der Zeit

Zeit hat eine heilsame Wirkung. Das ist zwar wahr, aber oft ist es nicht leicht, daran zu denken, wenn man trauert. Wenn wir vollständig in Gedanken unserer Trauer versunken sind, kann es beinahe unmöglich werden, sich innerlich so viel Freiraum zu schaffen, um den Prozeß selbst noch zu sehen und zu erkennen, daß er einem Ablauf unterworfen ist und irgendwann von selbst immer schwächer wird und schließlich ganz versiegt. Vielleicht kann die folgende Geschichte verdeutlichen, wie man das Wissen um die heilende Wirkung der Zeit für sich nutzen kann.

In den wilden sechziger Jahren arbeitete ich in der Haight Ashbury Free Clinic, im Zentrum der psychedelischen Subkultur, die stark vom Gebrauch der Droge LSD geprägt war. Einer der Patienten, die in die Klinik kamen, wenn sie allein nicht mehr weiterwußten oder auf einen schlechten Trip gelangten, war ein Mann namens Alexander. Er erzählte mir von seiner ungewöhnlichen Methode, schlechten Trips aus dem Weg zu gehen (nachdem er jedesmal, wenn er die Droge genommen hatte, auf einem solchen gelandet war). Irgendwie war er auf die Idee gekommen, sich vor der Einnahme eines Trips selbst einen Brief zu schreiben: «Lieber Alexander, alles erscheint jetzt sehr seltsam, weil du um… Uhr einen Trip genommen hast. Die Dinge werden aber um… Uhr wieder völlig normal sein, weil dann der Trip wieder vorbei ist. Dein Alexander.»

Diese Notiz, die er sich immer vorlas, wenn er sich etwas ängstlich zu fühlen begann (wenn er schon so arg schielte, daß er nicht mehr lesen konnte, bat er einen Freund, es ihm vorzulesen), half ihm immer, es noch so lange auszuhalten, bis die Dinge wieder im Lot waren. Obwohl es inmitten der Trauer nicht immer leicht zu begreifen ist, kann das Wissen und der Glaube an die heilende Kraft der Zeit uns helfen, dem Prozeß zu vertrauen und zuzulassen, daß die Trauer sich nach ihrem eigenen Rhythmus entfaltet. Man braucht keine Angst zu haben, daß sie nie mehr vorübergeht, ganz gleich wie schrecklich die Schmerzen der Trauer im Moment auch sein mögen.

Trauer und die meditative Weltsicht

Einige trauernde Menschen, mit denen ich gearbeitet habe, empfinden es als eine Hilfe, wenn sie über die Weltsicht meditierender Menschen lesen und darüber nachdenken können. Wenn dich dieser Abschnitt anregt, solltest du außer den Arbeiten von Stephen Levine die Bücher von Alan Watts und Sri Nisargadatta Maharaj, die in der Bibliographie im Anhang aufgeführt sind, lesen.

Verlust, Trauer und die Meisterschaft im Leben

Verlust und Trauer sind möglicherweise die wirksamsten, aber auch die strengsten Lehrmeister, denen wir jemals begegnen werden. Gleichzeitig gibt es jedoch keine Möglichkeit, ihnen aus dem Weg zu gehen. Indem wir auf meditative Weise mit ihnen umgehen, können wir die schwierigste aller Lektionen lernen: Liebe zu geben und zu empfangen ist alles, worauf es in dieser vergänglichen Welt ankommt. Wenn wir anfangen können, wie zögerlich auch immer, sogar Verlust und Trauer mit Geschick und Mitgefühl für uns zu nutzen, können wir mit Recht sagen, daß wir auf dem besten Weg sind, unser Leben zu meistern.

Einsamkeit und Leere

Was ist Einsamkeit? Für jeden Menschen bedeutet Einsamkeit etwas anderes. Für einige heißt einsam sein, jemanden zu vermissen, von dem man zeitlich oder räumlich getrennt ist. Diese Form der Einsamkeit kann man auch als eine Art Trauer oder Verlust sehen, je nachdem, ob die Trennung zeitlich begrenzt oder für immer ist.

Für andere bedeutet Einsamkeit, daß sie nicht genug Freunde oder Menschen haben, denen sie ihre Gedanken und Gefühle mitteilen können. Ganz gleich, ob wir mit anderen zusammen oder in unfreiwilliger beziehungsweise selbstgewählter Isolation leben, immer können wir uns einsam und allein fühlen.

Einsamkeit benennen

Wenn du nicht immerzu einsam bist, ist es auf jeden Fall nützlich herauszufinden, bei welcher Gelegenheit du das Gefühl bekommst, einsam zu sein. Verbringe daher ein paar Stunden oder Tage damit, die Einsamkeit immer, wenn du merkst, daß sie in dir aufsteigt, mit einem Etikett zu versehen. Kannst du deine Einsamkeitsgedanken an bestimmten Zeiten, Orten oder Ereignissen festmachen? Hängt sie mit Hunger oder Müdigkeit zusammen? Spielen optische Auslöser eine Rolle, wie wenn du andere Menschen siehst, die sich aneinander erfreuen? Gibt es bestimmte Gedankenketten, die zu den Einsamkeitsgedanken führen?

Einsamkeit aufdecken

Fasse bewußt einen Einsamkeitsgedanken, und betrachte ihn ganz genau. Wie fühlt es sich an, einsam zu sein? Erzeugt es andere Gefühle wie Trauer oder Angst, oder ruft es bestimmte Erinnerungen hervor? Steht es in Verbindung mit einem Wunschdenken – denkst du an jemanden, mit dem du gern zusammen wärst, jemand, von dem du annimmst, daß er dich aus deiner Einsamkeit erlösen kann?

Wenn es zu schmerzhaft wird, dir deine einsamen Gedanken vor Augen zu führen, meditiere ein paar Sekunden, bevor du dich wieder dem Gedanken an deine Einsamkeit zuwendest. Dann beobachte ihn noch etwas weiter. Nimm dir etwas Zeit für die Übung des Mitgefühls, um angesichts deiner Einsamkeit innerlich nachgiebig zu bleiben. Einsam sein kann weh tun – also sei dir für einen Moment ein mitfühlender Freund.

Nachdem du die Meditation ein paarmal durchgeführt hast, beziehe den Gedanken der Einsamkeit in eine meditative Visualisierung ein, in der du dir vorstellst, du benutzt eine der Gedankenklärungs- oder Mitgefühlsmeditationen, um deine Einsamkeit zu ertragen und innerlich nachgiebig und entspannt zu bleiben.

Einsamkeit im Alltag aufdecken

Wenn du dich bereit fühlst, kannst du anfangen, die bereits geübten Techniken auf die Einsamkeitsgefühle, die dir im täglichen Leben begegnen, anzuwenden. Wahrscheinlich wird das nicht viel schwerer sein, denn Einsamkeit bleibt Einsamkeit, gleich, ob wir sie bewußt hervorrufen oder ob sie uns ungefragt ergreift.

Einsamkeit und Urteil

Viele Menschen sind, wenn sie einsam sind, sehr wählerisch, wenn es darum geht, jemandem zu gestatten, ihre Einsamkeit zu beenden. Unser Alleinsein kann dann zumindest teilweise darauf zurückzuführen sein, daß wir überzogene Ansprüche an unsere Freunde und Liebhaber haben. Wenn wir nur bereit sind, mit jemandem eine Beziehung einzugehen, der uns auf ein Podest hebt oder unser Selbstbewußtsein aufbläht, werden wir wahrscheinlich merken, daß wir uns selbst dann noch einsam fühlen, wenn wir jemanden finden, der all dies tut. Tatsächlich ist das Streben nach Vollkommenheit in allen Beziehungen (auch in unserer Beziehung zur Meditation) das sicherste Mittel, um immer wieder enttäuscht zu werden.

Die Arbeit an der Einsamkeit

Der Einsamkeit kann man auf zwei verschiedenen Ebenen begegnen. Auf der zwischenmenschlichen Ebene können wir uns entscheiden, weniger wählerisch zu sein und Menschen zu suchen, von denen wir nicht nur etwas wollen, sondern denen wir auch etwas geben können. In vielen Bereichen gibt es die Möglichkeit, auf freiwilliger Basis mitzuarbeiten, bei der Kranken- und Altenpflege, in sozialen und humanitären Institutionen.

Auf gedanklicher Ebene können wir durch Mitgefühl angesichts unserer Einsamkeit und unserer Vorurteile, die uns davon abhalten, Kontakt mit anderen aufzunehmen, innerlich nachgiebig und beweglich bleiben.

Mitgefühl als Mittel gegen Einsamkeit

Nachdem du einige Zeit geübt hast, dich mit Mitgefühl trotz deiner Einsamkeit nicht zu verkrampfen, kannst du dir einen symbolischen Auslöser zurechtlegen, der, ebenso wie du es mit dem Entspannungsauslöser getan hast, quasi auf Knopfdruck dein Mitgefühl auslöst. Als Vorübung kannst du bewußt einen einsamen Gedanken fassen, unmittelbar gefolgt von einer kurzen Mitgefühlsmeditation. Wenn du dich daran gewöhnst, Einsamkeit automatisch mit Mitgefühl zu verknüpfen, können deine Einsamkeitsgedanken Auslöser für dein Mitgefühl werden, mit deren Hilfe du dich sofort angesichts einsamer Gefühle entspannen kannst. Auch hier kommt es nicht darauf an, Einsamkeitsgefühle loszuwerden, sondern nur zu lernen, auf sie mit Mitgefühl statt mit Schmerz zu reagieren.

Was ist Leere?

Für mich ist das Gefühl der Leere, das aus Fragen folgt wie: «Ist das alles, was das Leben zu bieten hat?», eine Form spiritueller Einsamkeit, ein Gefühl, keine Verbindung zu etwas Größerem oder Bedeutenderem als sich selbst und der eigenen Existenz zu haben.

Für andere Menschen, mit denen ich gearbeitet habe, bezieht sich die Leere auf ihr Gefühl, daß es ihnen an einem inneren Wesen mangelt, auf das sie sich beziehen können. Gertrud Stein sagte einmal über ihre Heimatstadt Oakland, daß es in ihr kein «Gegenüber» gebe, keinen Ort, der das charakteristische Zentrum bildet: «There is no there, there.»

Die Leere benennen

Ebenso wie du es mit deiner Einsamkeit getan hast, kannst du deine Gefühle der Leere erkunden, indem du ihnen immer, wenn sie im Laufe des Tages auftauchen, ein Etikett verleihst. Achte darauf, wann, wo und unter welchen Umständen sie auftreten. Kannst du irgendwelche Regelmäßigkeiten erkennen? Was fühlt sich leer an?

Leere aufdecken

Sobald du dazu in der Lage bist, stell dir bewußt vor, du bist innerlich vollkommen leer, und beobachte deine Gedanken. Wie fühlt sich die Leere an? Steht der Gedanke der Leere in Verbindung mit irgendwelchen anderen Gedanken oder Zuständen? Folgen regelmäßig bestimmte Gedanken auf ihn?

Übe dich darin, angesichts des Schmerzes der inneren Leere entspannt zu bleiben. Möglicherweise kannst du das besser, wenn du dich abwechselnd einmal auf den Gedanken der Leere und dann auf einen Augenblick der Meditation konzentrierst. Da es bei der Erfahrung der Leere ebenso wie bei den Übungen mit Verlust und Trauer kaum einen Unterschied zwischen Übung und Alltag gibt, werde ich in den folgenden Abschnitten noch einige detailliertere Vorschläge machen, wie man das Gefühl der Leere in sich heilen kann.

Die Leere im Alltag

Wende die Technik und Erfahrung, die du bei den Übungen mit Gedanken der Leere gewonnen hast, im Alltag an. Beobachte immer wieder, zu welchen Gelegenheiten du dich innerlich leer fühlst – das wird dir sicherlich einiges sagen. Bleib dabei innerlich nachgiebig und entspannt, und meditiere zwischendurch, wenn du kannst. Versuch es auch einmal mit den folgenden Anregungen.

Die Beschäftigung mit der Leere – als Sinnlosigkeit

Viele Menschen in unserem ausgehenden zwanzigsten Jahrhundert sind in ihrem Leben permanent so beschäftigt, daß sie überhaupt keine Zeit haben, auf Fragen nach dem Sinn einzugehen. Wenn das Leben nur aus Arbeit, Karriere und «aktiver Freizeitbeschäftigung» besteht, bleibt kein Platz für Sinn im Leben. Wenn das bei dir der Fall ist, was kannst du tun, um das zu ändern?

Mein Vorschlag ist, sich mit irgendeiner ehrenamtlichen Tätigkeit zu beschäftigen, am besten in Form eines sozialen Dienstes oder einer Hilfeleistung für Bedürftige. Das Interesse auf den Dienst am Mitmenschen zu lenken, statt immer nur an sich selbst zu denken, ist ein bewährter Weg, einen Sinn im Leben zu stiften. Eine gute Begleitung einer solchen Tätigkeit ist die zunehmende Beschäftigung mit der Meditation.

Die Beschäftigung mit der Leere – als spirituelle Haltlosigkeit

Möglicherweise hast du das Gefühl, daß deine Arbeit und deine Beziehungen durchaus befriedigend sind, aber du trotzdem unter dem Gefühl der Leere im Leben leidest. Falls das der Fall ist, brauchst du wahrscheinlich ein stärkeres spirituelles Element in deinem Leben. (Darum hast du ja auch dieses Buch gekauft, oder?) Mein Rezept dafür ist: viele Dreiminutenmeditationen, sooft du kannst, gute Literatur (siehe Bibliographe) und vielleicht sogar zehn Minuten täglich für dein «MetaPhysisches Fitneßprogramm».

Einige Menschen sind davon überzeugt, daß ein paar Minuten täglich, um sich über die meditative Weltsicht und über die Art und Weise, wie wir alle miteinander verbunden sind, zu informieren, indem man liest oder darüber nachdenkt, bereits ein großer Schritt sind. Andere finden eine Kombination von der «Ich bin»-Meditation (Seite 137 f.) und der Beschäftigung mit der «meditativen Weltsicht» (Seite 35) hilfreicher, um sich als Teil des Ganzen zu fühlen und aus der eigenen Isolation herauszufinden. Versuche einige Visualisierungen, in denen du dir vorstellst, wie du die Übungen praktizierst und dich anschließend weniger isoliert fühlst und an spirituellem Halt gewinnst.

Leere als Mangel an Selbstgefühl

Wenn du manchmal das schmerzliche Gefühl hast, nichts in dir zu haben, keinen Kern zu besitzen, können der Abschnitt «Ich bin» und die folgenden Übungen (Seite 135 bis 138) sehr hilfreich sein. Versuche dein Gefühl für das eigene Dasein von deiner Kindheit an bis auf den heutigen Tag zurückzuverfolgen. Das kann dir helfen, dich wieder mit dem Selbstgefühl in Verbindung zu bringen, das – wenn auch ganz schwach – immer in dir präsent war. Denk daran, reichlich Gebrauch von den Übungen des Mitgefühls zu machen, falls die direkte Konfrontation mit deinen Gefühlen der Leere zu schmerzhaft sein sollte. Je mehr Übung du in den grundlegenden Übungen zur Gedankenklärung hast, desto leichter wird es dir fallen, dich mit den fortgeschrittenen Übungen des «Ich bin» zu befassen. Versuche auch zu visualisieren, wie du dich angesichts des Schmerzes der Leere entspannst, indem du über die meditative Weltsicht nachdenkst und die «Ich bin»-Meditation praktizierst. Wenn das Gefühl der Leere bereits lange in dir war oder dir viele Schmerzen bereitet hat, kann es von großem Nutzen sein, mit Hilfe eines guten Therapeuten daran zu arbeiten, besonders wenn dieser die Meditation in seiner Praxis einsetzt.

Einsamkeit, Leere und Meisterschaft im Leben

Wie Verlust und Trauer, sind auch Einsamkeit und Leere Teil des menschlichen Lebens. Daher werden wir sie wahrscheinlich niemals ganz aus unserem Leben verbannen können. Wenn es uns jedoch gelingt, sie zu nutzen, um unsere Suche nach Mitgefühl, Verbundenheit und einem sinnvollen Leben zu motivieren, dann bauen wir, wie Nisargadatta sagt, «Brücken aus den Felsen, die unseren Weg blockierten» – ein treffendes Bild für unseren Weg zur Meisterschaft im Leben.

Jetzt bist du dran

Der Kauf dieses Buches ist sicherlich ein Schritt in die richtige Richtung, aber erst sein Gebrauch kann dein Leben von Grund auf verändern. Die Dreiminutenmeditation umfaßt Techniken, mit deren Hilfe du die Meditation zu einem außerordentlich wirksamen Werkzeug im Alltag machen kannst. Jeder Moment in deinem Leben kann ein Wendepunkt sein, in dem du dich entscheiden kannst, deine Angst, deinen Ärger und deine Wünsche genau zu *untersuchen*, anstatt einfach unbedacht auf sie zu *reagieren*. Es kann ein Moment sein, im Hier und Jetzt, statt in den Angewohnheiten der Vergangenheit oder in den Wünschen für die Zukunft zu leben. Und, was am wichtigsten ist, es kann ein *neuer* Moment sein, in dem du dich dafür entscheidest, dich selbst und deine Mitmenschen mit Mitgefühl statt mit Vorurteilen zu behandeln.

Natürlich ist es nicht leicht, ein vollkommen meditatives Leben zu führen in unserer hektischen, geschäftigen Welt. Wir müssen sowohl sorgsam als auch mitfühlend mit uns selbst sein. Menschen, die meditieren, verbringen viel Zeit damit zu lernen, wie sie, nachdem sich ein Gedanke während ihrer Atemmeditation eingeschlichen hat, wieder zum reinen Atmen zurückkehren können. Keine Schuldzuweisung, keine Entmutigung – wir erwarten, daß uns Gedanken kommen, und lenken unsere Aufmerksamkeit sanft wieder zurück auf unseren Atem. Auf ähnliche Weise erwarten wir, daß wir uns manchmal recht ungeschickt – oder unmeditativ – verhalten, ebenfalls ohne Schuldzuweisung, Selbstzweifel oder Selbsthaß. Unser einziges Ziel ist es zu versuchen, immer zu merken, wenn wir vom Weg abkommen, und dann zu versuchen, so sanft und schnell, wie wir können, wieder zurückzufinden.

Ein Leben der Meditation kann dadurch beginnen, daß wir *diesen* Atemzug – oder Gedanken – beobachten, und den nächsten auch…

Bibliographie

H. Benson: The Relaxation Response. Avon, 1975

Borysenko, Joan: Die Kunst, sich selbst zu mögen. Nur wer sich selbst liebt, liebt auch seinen Nächsten. Scherz, 1992

Cowan, Jim: The Buddhism Of The Sun. Nichiren Society U. K., 1982

Goldstein, J. u. Kornfield, Jack: Einsicht durch Meditation. Die Achtsamkeit des Herzens. Scherz, 1989

Harmon, Willis u. Rhinegold, H.: Die Kunst, kreativ zu sein. Bastei-Lübbe TB 66214

Kornfield, Jack: A Still Forest Pool. Quest, 1985

Kübler-Ross, E.: Leben und Sterben. Ein Vortrag. Silberschnur.

LeShan, L.: The Medium, The Mystic, And The Physicist. Ballantine, 1975

Levine, Stephen: Wer stirbt? Wege durch den Tod. Context Verlag

Levine, Stephen: Sein lassen. Heilung im Leben und im Sterben. Context Verlag

Maltz, Maxwell: Erfolg kommt nicht von ungefähr. Durch Psychokinetik positiv denken und handeln. Econ TB, 1990

Nisargadatta, Maharaj: Ich bin. Context Verlag

Ostrander, Sh./Schroeder, Lynn: Superlearning, Goldmann TB 11318

Rubin, Theodore I.: Sich selbst annehmen. Der Weg vom Selbsthaß zum positiven Ich. mvg, 1987

Siegal, Bernie: Liebe, Medizin und Wunder. Econ, 1991

Silva, J./Stone, R. B.: Silva Mind Control. Die universelle Methode zur Steigerung der Kreativität und Leistungsfähigkeit des menschlichen Geistes. Heyne TB

Watts, Alan: Die Illusion des Ich. Kösel, 1980

White, John: Eltern im Schmerz. Ein Buch voller Trost und Rat. Francke-Buchh., 1990

Meditationen und Übungen

transformation

«Und wenn der große Phönix frei fliegt, sieh genau hin, was er behutsam zwischen seinen Krallen trägt.» *No-Eyes*

Mary Summer Rain
Der Phönix erwacht *Weisheit und Visionen*
(rororo transformation 8558)

Spirit Song *Der Weg einer Medizinfrau*
(rororo transformation 8537)

Weltenwanderer *Der Pfad der heiligen Kraft*
(rororo transformation 8722)

Chögyam Trungpa
Das Buch vom meditativen Leben
(rororo transformation 8723)
Die Shambhala-Lehren vom Pfad des Kriegers zur Selbstverwirklichung im täglichen Leben.

Peter Orban/Ingrid Zinnel
Drehbuch des Lebens *Eine Einführung in die esoterische Astrologie*
(rororo transformation 8594)

Stephen Arroyo
Astrologie, Psychologie und die vier Elemente
(rororo transformation 8579)
Einer der führenden Astrologen Amerikas skizziert die Bedeutung der vier Elemente als archaische Kräfte für die Seele und weist auf die bislang ungenutzten Möglichkeiten hin, astrologisches Wissen in der Psychotherapie einzusetzen.

Lynn Andrews
Die Medizinfrau *Der Einweihungsweg einer weißen Schamanin*
(rororo transformation 8094)

Mary Summer Rain
Der Phönix erwacht

Weisheiten und Visionen

Paul Hawken
Der Zauber von Findhorn *Ein Bericht*
(rororo transformation 7953)
Ein Erlebnisbericht aus der berühmten New Age-Community.

Janwillem van de Wetering
Ein Blick ins Nichts *Erfahrungen in einer amerikanischen Zen-Gemeinde*
(rororo transformation 7936)

Margaret Frings Keyes
Transformiere deinen Schatten *Die Psychologie des Enneagramms*
(rororo transformation 9165)
Ein praktisches Buch, das die tiefe Weisheit des Enneagramms für jeden zugänglich macht.

rororo sachbuch

Das gesamte Programm der Taschenbuchreihe «transformation» finden Sie in der Rowohlt Revue. Jedes Vierteljahr neu. Kostenlos in Ihrer Buchhandlung.

3415/1

transformation

«Ein spirituelles Leben zu
führen heißt, dem Ewigen zu
gestatten, sich durch uns in
den gegenwärtigen Augen-
blick hinein auszudrücken.»
Reshad Feild

Stanislav Grof
Geburt, Tod und Transzendenz
*Neue Dimensionen in der
Psychologie*
(rororo transformation 8764)
Eine Bestandsaufnahme aus
drei Jahrzehnten Forschung
über außergewöhnliche Be-
wußtseinszustände.

Ken Wilber
Das Spektrum des Bewußtsein
*Eine Synthese östlicher und
westlicher Psychologie*
(rororo transformation 8593)
«Ken Wilber ist einer der
differenziertesten Vordenker
und Wegbereiter des Werte-
wandels in Wissenschaft und
Gesellschaft.»
Psychologie heute

Gary Zukav
Die tanzenden Wu Li Meister
(rororo transformation 7910)
Der östliche Pfad zum
Verständnis der modernen
Physik: vom Quantensprung
zum Schwarzen Loch

Reshad Feild
Schritte in die Freiheit *Die
Alchemie des Herzens*
(rororo transformation 8503)
Das atmende Leben *Wege zum
Bewußtsein*
(rororo transformation 8769)
Leben um zu heilen
(rororo transformation 8509)
Ein esoterisches 24-Tage-
Übungsprogramm, das jedem
die Möglichkeit gibt, Heilung
und Selbstentfaltung zu er-
fahren.

Robert Anton Wilson
Der neue Prometheus *Die
Evolution unserer
Intelligenz*
(rororo transformation 8350)
«Robert A. Wilson ist einer
der scharfsinnigsten und
bedeutendsten Wissenschafts-
philosophen dieses Jahrhun-
derts.»
Timothy Leary

Joachim-Ernst Berendt
Nada Brahma *Die Welt ist
Klang*
(rororo transformation 7949)
Das Dritte Ohr *Vom Hören der
Welt*
(rororo transformation 8414)
«Wenn wir nicht wieder
lernen zu hören, haben wir
dem alles zerstörenden
mechanistischen und ratio-
nalistischen Denken gegenüber keine Chance mehr.»
Westdeutscher Rundfunk

rororo sachbuch

Das gesamte Programm der
Taschenbuchreihe «trans-
formation» finden Sie in der
Rowohlt Revue. Jedes Viertel-
jahr neu. Kostenlos in Ihrer
Buchhandlung.

Jeanne Achterberg
Gedanken heilen *Die Kraft der Imagination. Grundlagen einer neuen Medizin*
(rororo sachbuch 8548)

Bärbel und Walter Bongartz
Hypnose *Wie sie wirkt und wem sie hilft*
(rororo sachbuch 9133)
Hypnose ist ein jahrtausende-altes Phänomen, dessen wissenschaftlicher Erforschung sich Medizin und Psychologie in jüngster Zeit widmen. Was die Hypnose als Therapieform leisten kann, wie sie wirkt und wem sie hilft und bei welchen Beschwerden und Krankheiten ihr Einsatz sinnvoll ist, skizziert dieses Buch.

Frauke Teegen
Die Begegnung mit dem Schatten *Erkundungen in den Tiefenschichten des Bewußtseins*
(rororo sachbuch 8533)
Ganzheitliche Gesundheit *Der sanfte Umgang mit uns selbst*
(rororo sachbuch 8308)

Lutz Schwäbisch /
Martin Siems
Selbstentfaltung durch Meditation *Eine praktische Anleitung*
(rororo sachbuch 8321)

John Selby
Atmen und leben *Ganzheitliche Gesundheit durch Atemintegration*
(rororo sachbuch 8320)

Ulrich Sollmann
Bioenergetik in der Praxis *Streß-bewältigung und Regeneration*
(rororo sachbuch 8484)

Alexander Lowen
Bioenergetik *Therapie der Seele durch Arbeit mit dem Körper*
(rororo sachbuch 8435)
Alexander Lowen geht davon aus, daß alle körperlichen und seelischen Vorgänge nur verschiedene Ausdrucksformen eines einzigen, einheitlichen Lebensprozesses sind. Sobald sich der Mensch seines Körpers wirklich bewußt wird, mit ihm «arbeitet», ihn «erlebt», gewinnt er ein völlig neues Verhältnis zu sich selbst und wird auch Angstzustände und Stress-Situationen überwinden.
Bioenergetik als Körpertherapie *Der Verrat am Körper und wie er wiedergutzumachen ist*
(rororo sachbuch 9149)

Ein Gesamtverzeichnis aller lieferbaren Titel der Reihe *rororo medizin und gesundheit* finden Sie in der *Rowohlt Revue*. Jedes Vierteljahr neu. Kostenlos in Ihrer Buchhandlung.

Kuan Hin
Chinesische Massage und Akupressur *Eine Anleitung zur Selbsthilfe*
(rororo sachbuch 9346)
Massage und Akupressur sind zwei Gebiete der traditionellen chinesischen Medizin, die sich ideal für eine Anleitung zur Selbsthilfe eignen, da sie lediglich rudimentäres Grundwissen voraussetzen und sich ohne jegliche Hilfsmittel anwenden lassen. Die besonders sanften Methoden eigenen sich sowohl zur Vorbeugung und Gesunderhaltung von Körper und Geist als auch zur Linderung und Heilung von akuten Beschwerden, deren Eigenbehandlung ausführlich angeleitet wird.

Shitsuto Masunaga /
Wataru Ohashi
Shiatsu *Theorie und Praxis der japanischen Heilmassage*
(rororo sachbuch 8416)

Connie Peck
Schmerz laß nach! *Selbsthilfe bei chronischen Schmerzen*
(rororo sachbuch 8584)
Connie Peck hat in ihrer langjährigen klinischen Praxis ein Selbsthilfeprogramm entwickelt, das Menschen die unter chronischen Schmerzen leiden, in die Lage versetzt, ihre Situation spürbar zu verbessern und Schritt für Schritt wieder mehr Lebensqualität und –freude zu gewinnen.

Paavo Airola
Natürlich gesund *Ein praktisches Handbuch biologischer Heilmethoden*
(rororo sachbuch 8314)

Peter Kensok / Dietrich Ley
Hausmittel *Sanfte Arzneien – einfach und wirksam*
(rororo sachbuch 8811)

Mathias Dorcsi
Homöopathie heute *Ein praktisches Handbuch*
(rororo sachbuch 8562)
Dieses Handbuch ist Lesebuch und Nachschlagewerk zugleich und informiert umfassend über Geschichte, theoretische Grundlagen und praktische Anwendung der Homöopathie.

Ein Gesamtverzeichnis aller lieferbaren Titel der Reihe *rororo medizin und gesundheit* finden Sie in der *Rowohlt Revue*. Jedes Vierteljahr neu. Kostenlos in Ihrer Buchhandlung.

Hans–Dieter Kempf
Die Rückenschule *Das ganzheitliche Programm für einen gesunden Rücken*
(rororo sachbuch 8767)
Der Autor präsentiert hier einen Leitfaden zur aktiven Gesundheitsvorsorge und Rehabilitation von Rückenschmerzen. Dabei wird die Veränderung von Alltagsbelastungen, die sinnvolle Ausübung bestimmter Gymnastikübungen ebenso ausführlich behandelt wie die Möglichkeiten am Arbeitsplatz, negative Auswirkungen auf die Wirbelsäule zu vermeiden. Das Buch wendet sich an alle, die bereits Probleme mit ihrem Rücken haben, ebenso an jene, die Rückenschmerzen vorbeugen wollen.

Joachim Grifka
Die Knieschule *Hilfe bei Kniebeschwerden*
(rororo sachbuch 9186)

Sue Luby
Hatha Yoga *Entspannen, auftanken, sich wohl fühlen*
(rororo sachbuch 8592)

Yogi Deenbandhu
(Detlef Uhle)
Yoga für alle *Übungen für jeden Tag*
(rororo sachbuch 9386)
Körper– und Atemübungen des Hatha Yoga (Körperliches Yoga basieren auf jahrtausendealtem Wissen um die Physiologie des Menschen. Dieser Band ermöglicht durch klare Beschreibungen und viele Fotos ein systematisches Selbststudium oder, noch besser, die Vor– und Nachbereitung eines Yogakurses.

Ingo Jarosch
Tai Chi *Neue Körpererfahrung und Entspannung*
(rororo sachbuch 8803)
Der Autor zeigt, wie man mit Tai Chi die Rückbesinnung auf sich selbst und die dabei erfahrene körperliche und geistige Entspannung mit seiner Methode rasch erlernen kann.

Robert J. Blom
Chiropraktik *Die Wirbelsäule als Zentrum vielfältiger Beschwerden*
(rororo sachbuch 8765)

Ein Gesamtverzeichnis aller lieferbaren Titel der Reihe *rororo medizin und gesundheit* finden Sie in der *Rowohlt Revue.* Jedes Vierteljahr neu. Kostenlos in Ihrer Buchhandlung.